저자 최주연

글쓰기와 공상, 만화 그리기를 즐기는 '책벌레'였다.
성균관대학교에서 영어영문학을 전공하고 영어 정교사 자격증 취득 후
무역회사에서 근무하다 글쓰기와 영어 교육에 더 가까운 천직을 찾아
출판 편집자 겸 번역가로 일하기 시작했다. 다양한 독자층을 대상으로
영어 학습서와 일반 단행본을 만들고, 외서를 번역하며,
집필 프리랜서로도 활동하고 있다.

감수자 June Sweeney

전 민병철 어학원(BCM), 시사 영어사, Kids Herald 영어회화 강사
미국 캘리포니아에서 20년 이상 거주 중
유튜브 채널 '영어라면 준' 운영

저서 〈영어 단어의 결정적 의미 확장들〉, 〈미션 파서블 – 당신을
구출할 진짜 미국 영어〉, 〈일상 영어회화 새도잉〉, 〈스토리를 품은
미쿡 영어회화〉, 〈이 책 한 권만 외워봐! 영어회화가 술술 나온다〉

거의 모든 묘사 표현의 영어

지은이 최주연
초판 1쇄 발행 2024년 1월 26일
초판 3쇄 발행 2024년 12월 30일

발행인 박효상   **편집장** 김현   **기획·편집** 장경희, 이한경   **디자인** 임정현
마케팅 이태호, 이전희   **관리** 김태옥

기획·편집 진행 김현
본문·표지 디자인 고희선

종이 월드페이퍼   **인쇄·제본** 예림인쇄·바인딩

출판등록 제10-1835호   **발행처** 사람in   **주소** 04034 서울시 마포구 양화로 11길 14-10 (서교동) 3F
전화 02) 338-3555(代)   **팩스** 02) 338-3545   **E-mail** saramin@netsgo.com
Website www.saramin.com

ISBN
979-11-7101-052-3 14740
978-89-6049-936-2 세트

우아한 지적만보, 기민한 실사구시 사람in

묘사할 수 있어야 소통할 수 있다!

거의 모든 묘사 표현의 영어

구체적인
형태와
동작부터
추상적인
개념까지

묘사에
필요한
모든 걸
담았습니다.

ROOM 103
INTERVIEW

복적대는 도시의 거리
bustling
CITY
streets

차들이 기어가다
CRAWL

자신감 넘치는
confident

옷을 멋지게
입는 사람
sharp dresser

BUMPER-
TO-BUMPER

오렌지색
tangerine
color

아주 초조한
JITTERY

긴장되다
**feel
nervous**

ENGLISH EXPRESSIONS
FOR DESCRIPTION

최주연 지음 | June Sweeney 감수

사람in

묘사가 중요한 이유

우리의 의사소통은 질문과 대답, 명령과 수용, 의견 제시와 설명으로 이뤄진다고 볼 수 있습니다. 그중 대답, 의견 제시, 설명에 공통적인 언어 행위가 바로 묘사입니다. 영어로 description인 '묘사'는 한마디로 설명을 하는 것이죠.

아직 어렵다고요? 예를 들어, '두리안'의 이미지를 떠올려 보세요. 그리고 그걸 두리안이 뭔지 잘 모르는 다른 사람에게 설명한다고 가정해 보세요. 우선 두리안이 열대 과일이라고 설명을 시작할 수도 있을 거예요. 다음에 두리안의 색깔을 말할 수도 있습니다. 껍질을 벗겼냐 벗기지 않았냐를 말할 수도 있겠네요. 두리안 하면 냄새를 빠뜨릴 수 없겠죠?

맛과 식감은 또 어떤가요? 부드럽고 달콤하다고 할 수도 있고, 자꾸 먹다 보면 익숙해지는 맛이라고 할 수도 있습니다. 이렇게 두리안 하나를 묘사하는 데 여러 표현이 필요합니다. 그러니 우리의 일상을 묘사하는 데 필요한 표현은 정말 끝도 없을 것입니다. 이런 묘사가 커뮤니케이션의 거의 절반에 해당한다고 보면, 묘사(설명)를 잘하는 데 필요한 표현 공부를 절대 소홀히 할 수 없습니다.

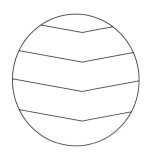

그래서 〈거의 모든 묘사 표현의 영어〉는 우리가 일상을 살면서 남에게 혹은 자신에게 뭔가를 설명하고 묘사할 때 반드시 알아야 할 표현들을 모았습니다. 우리는 어떤 것을 묘사할 수 있을까요? 사람의 외모나 체형, 옷차림, 행동을 묘사할 수 있고요, 사물을 묘사할 수도 있습니다. 성격, 감정, 음식, 분위기, 날씨, 몸 상태, 인간관계, 분위기, 경제 상황 등 묘사할 수 있는 건 무궁무진합니다.

이런 묘사에 필요한 것은 '직사각형' '원' 같은 단순한 명칭일 수도 있고, '평평한' '거칠거칠한' 같은 특성을 나타내는 말일 수도 있고, '달리다, 냄새 맡다' 같은 동작을 나타내는 말일 수도 있습니다. 그래서 품사로 따지면 명사, 형용사, 동사, 부사 표현을 다 알아야 하니 어찌 보면 종합적인 어휘력이 필요하다고도 할 수 있습니다. 그래서 하나만 집중적으로 다루는 영어 표현책도 중요하지만, 이렇게 폭넓고 복합적으로 다루는 표현책이 필요한 이유이기도 합니다. 어찌 보면 묘사에 필요한 표현을 안다는 건 종합적인 측면에서 다양한 어구를 알아야 한다는 것과 일맥상통합니다.

이해하면 설명할 수 있고, 설명할 수 있으면 자기 것이 됩니다. 영어로 자신이 처한 상황이나 설명해야 하는 것을 말할 수 있으면 그 실력은 자기 것이 됩니다. 그렇게 되는 데 〈거의 모든 묘사 표현의 영어〉가 큰 몫을 담당할 것입니다.

〈거의 모든 묘사 표현의 영어〉는 묘사 대상에 따라 흔히 접하는 쉬운 단어부터 고급 단어까지 모두 수록되어 있고, 각 단어의 쓰임새와 뉘앙스를 깨알같이 전달합니다. 원어민의 검수로 (전문 용어를 제외하고) 현지 미국에서 잘 쓰이지 않는 단어는 배제하고, 실제로 활용되는 단어들만 수록해 활용면에서 신뢰도를 높였습니다.

〈거의 모든 묘사 표현의 영어〉는 우리의 일상 묘사에 필요한 표현을 크게 16장으로 나누어 제시하고, 각 장에 해당 유닛이 이어집니다. 각 유닛은 다음과 같이 구성돼 있습니다.

원어민이 실제 말하는 속도로 녹음해
반복해서 듣기만 해도 청취에 도움이 됩니다.

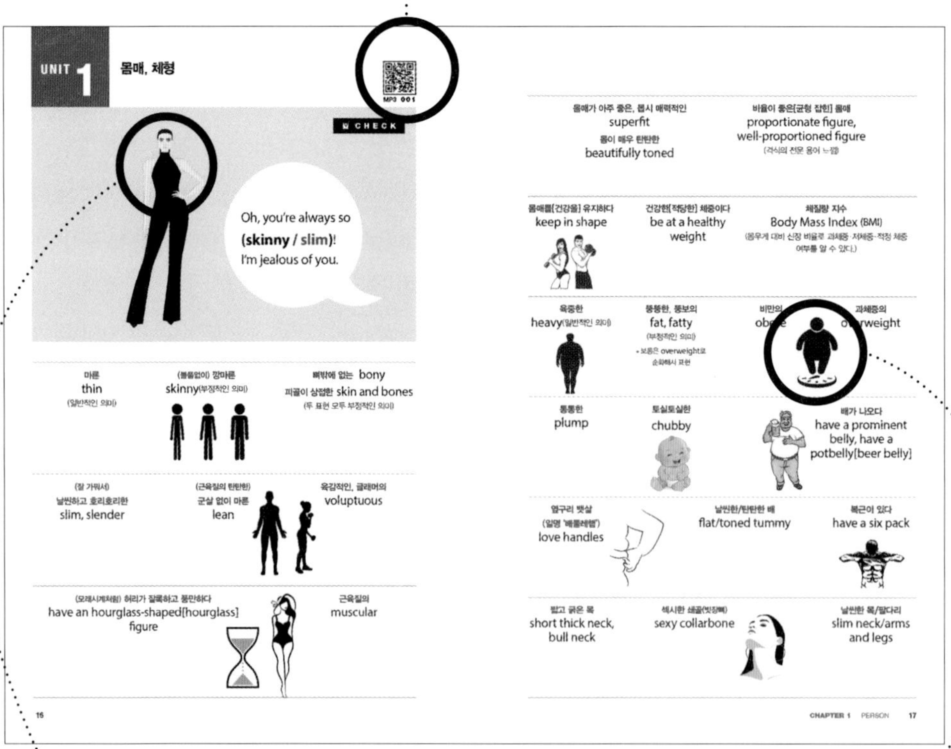

대표 표현의 정확한 쓰임새를 보여주며
UNIT을 시작합니다.

해당 유닛에서 묘사에 꼭 필요한 표현들을
'한국어 뜻—영어 표현' 순으로 제시했으며,
학습의 흥미를 높이고 기억이 오래 가도록
이미지를 수록했습니다.

비슷한 단어들의 경우, 확실히 가려서
쓸 수 있게 뉘앙스를 설명합니다.

QR코드 음원 번호입니다.
QR을 켜고 해당 음원 번호를 찾아 클릭하면 들을 수 있습니다.

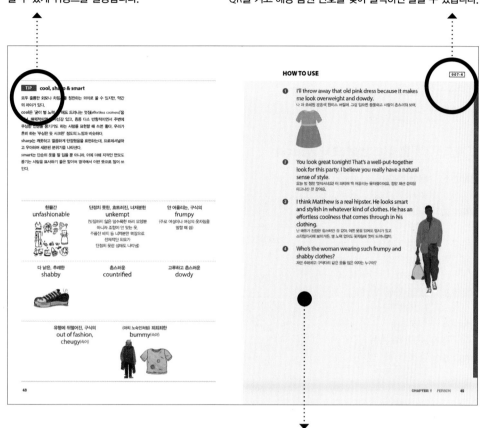

앞서 배운 단어들을 회화와 설명문에서
확인할 수 있습니다.

일러두기

본문에서 '헐렁하게 입다'의 wear loose fitting[baggy] clothes처럼 [ ]가 쓰인 경우에
는 loose-fitting 대신 [ ] 안에 있는 baggy를 넣어도 뜻이 변하지 않는 걸 의미합니다.
'(옷 등이) 너무 작아/커 보이다'의 look too small/big처럼 /가 쓰인 경우에는 look too
small, look too big처럼 / 뒤의 단어로 대체하면 다른 의미의 표현이 된다는 뜻입니다.
cross (over) the centerline처럼 괄호가 있는 것은 괄호 안 내용을 넣어서 써도 되고, 빼
고 써도 된다는 의미입니다. 참고로 원어민 녹음은 괄호 부분까지 넣어서 읽었습니다.

CHAPTER 1   인물 묘사 PERSON

CHAPTER 2   사물 묘사 THINGS

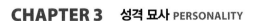

CHAPTER 3   성격 묘사 PERSONALITY

CHAPTER 4　음식, 식품 묘사 FOOD

CHAPTER 5　감정, 느낌 묘사 EMOTION & FEELING

CHAPTER 10 자연재해 묘사 NATURAL DISASTER

CHAPTER 11 시간·빈도 묘사, 비교급 활용 표현
TIME, FREQUENCY & COMPARATIVE

CHAPTER 12 풍경, 분위기 묘사 LANDSCAPE & ATMOSPHERE

CHAPTER13 다양한 상황 묘사 VARIOUS SITUATIONS

CHAPTER 14 소리, 음악 묘사 SOUND & MUSIC

CHAPTER 15 라이프 사이클 묘사 LIFE CYCLE

CHAPTER 16 더 폭넓은 묘사를 위한 중·고급 어휘
ADVANCED VOCABULARY FOR DESCRIPTION

CHAPTER

1

인물 묘사

PERSON

MP3 001

☑ CHECK

Oh, you're always so **(skinny / slim)**! I'm jealous of you.

마른
thin
(일반적인 의미)

(볼품없이) 깡마른
skinny(부정적인 의미)

뼈밖에 없는 bony
피골이 상접한 skin and bones
(두 표현 모두 부정적인 의미)

(잘 가꿔서)
날씬하고 호리호리한
slim, slender

(근육질의 탄탄한)
군살 없이 마른
lean

육감적인, 글래머의
voluptuous

(모래시계처럼) 허리가 잘록하고 풍만하다
have an hourglass-shaped[hourglass] figure

근육질의
muscular

몸매가 아주 좋은, 몹시 매력적인
superfit

몸이 매우 탄탄한
beautifully toned

비율이 좋은[균형 잡힌] 몸매
proportionate figure,
well-proportioned figure
(격식의 전문 용어 느낌)

몸매를[건강을] 유지하다
keep in shape

건강한[적당한] 체중이다
be at a healthy
weight

체질량 지수
Body Mass Index (BMI)
(몸무게 대비 신장 비율로 과체중·저체중·적정 체중
여부를 알 수 있다.)

육중한
heavy(일반적인 의미)

뚱뚱한, 뚱보의
fat, fatty
(부정적인 의미)

* 보통은 overweight로
순화해서 표현

비만의
obese

과체중의
overweight

통통한
plump

토실토실한
chubby

배가 나오다
have a prominent
belly, have a
potbelly[beer belly]

옆구리 뱃살
(일명 '배둘레햄')
love handles

날씬한/탄탄한 배
flat/toned tummy

복근이 있다
have a six pack

짧고 굵은 목
short thick neck,
bull neck

섹시한 쇄골(빗장뼈)
sexy collarbone

날씬한 목/팔다리
slim neck/arms
and legs

자세가 나쁘다
have poor posture

거북목, 일자목
text neck, forward head posture

(옆으로) 굽은 허리, 척추측만증
crooked (lower) back, scoliosis

심하게 굽은 허리
severe curvature of the spine

(척추 윗부분이) 굽은 등, 척추후만증
hunched back, kyphosis (of the spine)

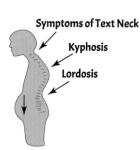

Symptoms of Text Neck
Kyphosis
Lordosis

(척추 아랫부분이) 안쪽으로 굽은 허리, 척추전만증
swayback, lordosis

허리가 긴
long-waisted

허리가 짧은
short-waisted

덩치가 큰/작은
of big/small build

보통 체구인
of average build

몸이 후리후리한
of slender build

체격이 건장한
of sturdy build

떡 벌어진[넓은] 어깨
broad shoulders

(팔에) 알통 [이두박근]이 있다
have biceps

바위처럼 단단한 알통 [이두박근]
rock-hard biceps

(바깥쪽으로 휜) O자형 다리
bow legs

X자형 다리(안짱다리)
knock knees

곧게 쭉 뻗은 다리
straight legs

튼튼한/단단한 다리
sturdy/firm legs

평발
flat feet, fallen arches

1 Clara, one of my closest friends, always looks gorgeous and slim. She has a proportionate figure and I can't help but envy her. On the other hand, I struggle with being overweight and I have a prominent belly. It's quite embarrassing. That's why I decided to go on a diet and start exercising to achieve a flat tummy soon!

가장 친한 친구 중 한 명인 클라라는 늘 멋지고 날씬해 보여. 몸매 비율도 좋아서 정말 그 애를 부러워하지 않을 수가 없다니까. 반면에 난 과체중으로 고군분투하는 데다 배까지 나왔다고. 정말 창피해. 그래서 다이어트랑 운동을 시작해서 어서 납작한 배를 만들기로 결심한 거야!

2 A Hey, look at your posture! Don't you want to avoid getting text neck and a hunched back? You should straighten your back and stop looking at your phone! You've been holding it for hours!

얘, 네 자세 좀 봐! 너 거북목 되고 등이 굽진 않게 해야 할 것 아냐? 허리 펴고 휴대폰 좀 그만 들여다봐! 몇 시간째 폰을 쥐고 있잖아!

B Mom, please don't yell at me. I work out every morning, you know. I'll have rock-hard biceps soon and there won't be a chance of a hunched back or text neck!

엄마, 고함 좀 치지 마세요. 저 매일 아침마다 운동하잖아요. 곧 바위처럼 단단한 알통을 갖게 될 거라고요. 굽은 등이나 거북목이라니 어림도 없어요!

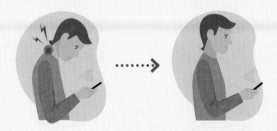

UNIT 2 머리카락, 헤어스타일

MP3 002

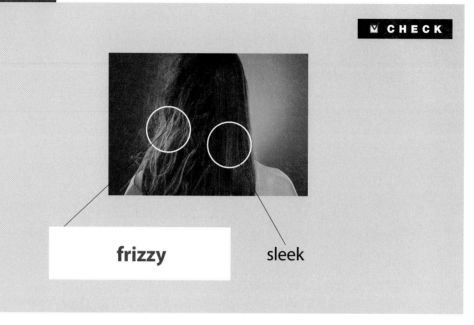

☑ CHECK

frizzy

sleek

머리카락 hair

머리카락 한 올
a (strand of) hair

(모발이) 얇은 | 보통인 | 굵은
fine | normal | thick

정전기가 일어난 머리카락
static hair,
fly-away hair

푸석푸석하고 부스스한 머리
frizzy hair(부스스한 곱슬머리),
unruly hair
(거칠고 제멋대로여서 손질하기 어려운
헝클어져 보이는 머리)

(머리가) 기름진 | 떡진
greasy | sticky

**(안 감거나 손질·빗질을 하지 않아)
덥수룩한**
unkempt

**(자고 일어나서)
헝클어진 머리, 까치집**
bed hair

20

머리카락이 뒤엉킨
tangled, matted

머리가 완전 엉망이다
one's hair looks like
a complete mess

건조한/지성/손상된 모발
dry/oily/damaged hair

비듬
dandruff

가려운 두피
itchy scalp

끝이 갈라진 머리카락
split ends

머릿결이 (많이) 상하다
one's hair is (very) damaged

윤기 있는 (매끈한) 머리
glossy[sleek] hair

비단결 같은 머리
silky (and smooth) hair,
silken hair

(silken hair는 다소 격식의 문예체 느낌이 들 수 있음.
silky hair가 일상 회화에서 좀 더 널리 쓰임.)

손대지 않은 원래 머리,
자연 모
natural hair

볼륨 있는 머리
bouncy hair

머리숱이 많다/적다
have thick[a lot of]/thin
hair

머리색이 검은
dark, black

금발인, 금발인 사람
blond(e)

갈색 머리인 사람 | 갈색 머리인
brunette | brunet

흰 머리
gray hair

검은 머리와 흰 머리가 섞인 머리
salt and pepper hair

흰 머리가 듬성듬성 나 있다
one's hair is flecked with gray

염색한/탈색한 머리
dyed/bleached hair

염색하다
dye[color] one's hair

머리색을 ~색으로 바꾸다
change one's hair color to ~

뿌리 염색을 하다
get root touch-up,
just dye the gray roots

머리카락이 빠지다
lose one's hair,
one's hair falls out

(머리털이 많이 빠져서) 머리가 벗어지다
go bald, lose one's hair

원래 있는 가르마 natural part[parting]

가르마를 타다 part one's hair

가르마를 한가운데로/오른쪽으로/왼쪽으로/옆으로 타다
part one's hair in the middle/on the right side/
on the left side/on the side

A How can I help you with your hair?
머리를 어떻게 해드릴까요?

B As you can see, my hair is really frizzy and has some split ends. I need to look neat and tidy as I have a job interview tomorrow.
보시는 것처럼 제 머리가 굉장히 부스스하고, 끝이 갈라진 머리카락도 있어요. 내일 취업 면접이 있어서 깔끔하고 단정하게 보여야 하거든요.

A Hmm. First, I'd like to recommend cutting off at least an inch to get rid of all the split ends, and then getting a protein treatment. Finally, we can straighten your hair using a flat iron. It will look sleek and neat.
흠, 먼저 적어도 1인치 정도 커트해서 갈라진 머리카락을 다 없애는 걸 권해 드려요. 그런 다음 단백질 트리트먼트를 하는 거죠. 마지막으로, 손님 머리를 스트레이트 고데기로 펴 드릴 수 있어요. 매끈하고 단정해 보일 거예요.

B That sounds great. What about changing my hair color to bright brown?
그거 좋겠네요. 머리색을 밝은 갈색으로 바꾸는 건 어떨까요?

A Well, that color would look nice on you, but I'm afraid it's not a very good idea as dyeing could worsen the already damaged hair. How about we do it a few months from now?
음, 그 색이 손님한테 잘 어울리긴 할 건데요. 이미 손상된 머리를 더 상하게 할 수 있어서 염색은 그다지 좋은 생각 같진 않네요. 지금부터 몇 달 더 있다가 하시는 게 어때요?

B Oh, I see your point. Please just do as you said.
아, 무슨 말씀인지 알겠어요. 말씀하신 대로만 해 주세요.

헤어스타일 hairstyles

(남자 머리처럼) 짧은 커트(쇼트커트)
pixie cut

(밑에만) 땋은 머리
braid

위부터 땋은 머리, 디스코 머리
French braid, plait(영국)

여러 가닥으로 꼰 머리, 레게머리
dreadlocks

(남자들의) 아주 짧은 머리
buzz cut

(남자들의) 짧은 머리
crew cut

층이 지게[반듯하지 않게] 잘라
(의도적으로) 덥수룩해 보이게 한 머리
shag haircut

(정수리쯤에서 하나로 묶은) 말총머리
ponytail

높게 묶은 말총머리
high ponytail

낮게 묶은 말총머리
low ponytail

양 갈래로 묶(거나 땋)은 머리
(braided) pigtails

24

(보통 일자로 자른) 앞머리 bangs

눈썹 위까지 오는 앞머리 bangs above eye brows

눈썹 아래까지 내려오는 앞머리 long bangs

앞머리를 내리다[만들다] wear bangs

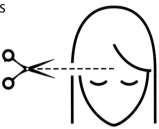

올림머리 hair up, updo	쪽을 찐 머리(일명 '똥머리') (top) bun	바가지머리 bowl cut

단발머리 bob cut	반묶음 머리 half-up, half-ponytail	머리가 긴 long-haired 머리가 짧은 short-haired

턱까지 오는 머리 chin length hair	어깨선까지 오는 머리 shoulder length hair	A는 긴 머리/짧은 머리가 더 잘 어울리다 A looks better with long/short hair, long/short hair suits A better

머리를 (뒤로) 묶다
tie one's hair back

머리를 (묶지 않고) 풀다
have[let] one's hair down

머리를 기르다
grow out one's hair

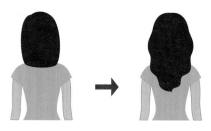

(헤어스타일 등의) 변모, 변신, 단장
makeover

(미용실에서) 머리를 (새로) 하다
have one's hair done

헤어스타일을 바꾸다
change one's hair(style)

새로운 헤어스타일을 시도하다
try a new hairstyle

A(헤어스타일·머리색·옷 등)가 B에게 잘 어울리다/안 어울리다
A looks good/bad on B

(펌을 하지 않은) 생머리
straight hair

웨이브가 있는 머리, 반곱슬머리
wavy hair

곱슬머리
curly hair

뽀글뽀글한 머리
coily hair

매우 심한 곱슬머리
kinky hair

(kinky는 특히 아프리카인의 머리카락같이 심한 곱슬머리를 묘사할 때 자주 쓰이지만,
다루기 힘들고 억세다는 부정적·경멸적 의미와 인종 차별적인 느낌을 함축할 우려가 있으므로 사용에 주의한다.)

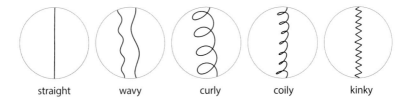

straight   wavy   curly   coily   kinky

스트레이트/웨이브/
가벼운 웨이브/뽀글뽀글한 펌을 하다
get a straight/wavy/
loose curly/
tight curly perm

(머리를 말리기만 하는)
드라이를 하다
blow-dry

머리카락을 펴는 고데기
(를 사용해서 머리를 하다)
flat iron

웨이브를 만드는 고데기
styling iron

A Honey, why don't you try a new hairstyle?
자기야, 헤어스타일을 새롭게 해 보는 게 어때?

B Why? Does it look bad on me?
왜? 이게 나한테 안 어울려?

A Not really, but I'm not sure why you're always hiding your handsome and cute face with those long dreadlocks. I guess you don't know how handsome you are.
그런 건 아닌데, 난 자기가 왜 잘생기고 매력적인 얼굴을 그 긴 레게머리로 늘 가리고 다니는지 모르겠어. 자기는 자기가 얼마나 잘생겼는지 모르나 봐.

B Huh...?
허…?

A Besides, you've been wearing that style for two years! It's time for you to get a makeover. How about dropping into a hair salon together this weekend? I'll get a bob cut and wear bangs. We could consult the stylist about your new style and have your hair done then.
게다가, 그 머리를 2년씩이나 하고 있잖아! 이제 자기도 새 단장을 할 때가 됐어. 이번 주말에 같이 미용실에 들르면 어때? 나 단발머리로 자르고 앞머리 내릴 거거든. 그때 미용사랑 자기 새 스타일 상의해 보고 머리를 할 수 있을 거야.

B What style do you have in mind?
생각해 둔 스타일이 어떤 건데?

A I think you'll look better with short hair!
난 짧은 머리가 자기한테 더 잘 어울릴 것 같아!

B Hmm.
흠.

A It would look good on you, and you'll find handling short hair is just a piece of cake.
자기한테 잘 어울릴 거고, 짧은 머리 손질하기가 얼마나 쉬운지 알게 될걸.

B Sounds good. Okay, I'll do as you suggest.
좋아. 그래, 자기가 권하는 대로 할게.

얼굴, 피부, 안색

MP3 003

☑ CHECK

beard

sideburns

둥근 얼굴 round face	타원형[계란형] 얼굴 oval face	각진[사각형] 얼굴 square face	각지고 길쭉한 [길쭉한 직사각형] 얼굴 oblong[elongated] face

둥그스름한 얼굴
roundish face

좁고 긴 얼굴
narrow face

야윈 얼굴
gaunt face

뺨이 홀쭉한
hollow-cheeked

광대뼈가 튀어나오다
have high
cheekbones

(얼굴, 눈이) 부은
puffy

이중 턱 double chin	구레나룻 sideburns (귀밑에서 턱까지 이어서 난 수염)	턱수염 beard	콧수염 mustache

지성/건성/중성/복합성/민감성 피부
oily/dry/normal/combination/
sensitive skin

(어떤 요인으로 인해 일시적으로) 수분이 부족한 피부
dehydrated skin

매끈한 피부
silky skin

하얀, 뽀얀
milky, milky white

피부가 희고 고운
fair

피부에 광이 나다
one's skin is glowing

얼굴 피부가
아기 피부처럼 곱다
one's complexion is as
smooth as a baby's

생기 있는/생기 없는 안색
bright/lackluster
complexion

창백하다
look pale

(토할 것처럼) 핼쑥하다,
질려 있다
look green

피부가 거무스름하다
have dark skin

검붉은 피부
dark red skin

구릿빛 피부
bronze skin(원래부터),
tanned skin(햇볕에 그을려)

세수 후에 (건조해서)
피부가 당기다
feel tight after washing

화장이 뜨다
have a bad makeup day,
one's makeup is not sticking

막힌 모공
clogged pores

여드름 (질병)
acne

~에 여드름이 있다
have a pimple
[pimples] on ~

피부가 뒤집히다
one's skin breaks out,
experience breakouts on
one's skin

아토피 질환을 앓다
suffer from eczema

TIP **acne vs. pimple**

acne는 피부 모낭과 피지샘에 영향을 끼치는 만성적인 '피부 질환' 상태를 뜻한다. 즉 acne 는 '여드름 질병'이라는 셀 수 없는 명사이고, pimple은 이로 인해 일어나는 증상들(화이트 헤드(whiteheads), 블랙 헤드(blackheads) 등)을 가리키는 셀 수 있는 명사이다.

~에 …가 생기다
... appear[develop] on ~

(갑자기) 두드러기가/발진이 나다
break out in hives/a rash

(~에) 점이/사마귀가/땀띠가/ 주근깨가 나다[있다]
get[have] a mole/wart/ heat rash, prickly heat/ freckles (on) ~

~ 주변에 검버섯이 생긴 것을 발견하다
notice some liver[age] spots around ~

보조개
dimples

눈과 목 주변에 주름이 있다
have wrinkles around one's eyes and neck

~에 잡티가 많다
have many[a lot of] blemishes on ~

볼에 홍조가 있다
have redness on one's cheeks

피부가 칙칙한
dull

피부가 칙칙해 보이다
one's skin looks dull

각질이 일어나는
flaky

(공포, 추위로 인해) 소름이 돋다
get chills[goosebumps]

HOW TO USE

❶

A   I wish I had a round face. Then I would look younger and friendlier. As my face is oblong-shaped, I feel like I appear a bit weak and difficult, you know.
난 둥근 얼굴이면 좋겠어. 그러면 더 어리고 친절해 보일 텐데. 얼굴이 직사각형 모양이라 좀 연약하고 까다로워 보이는 것 같아.

B   Oh, well, I've never thought about it that way. You look nice just the way you are.
어, 글쎄. 난 한번도 그런 식으로 생각해 본 적이 없는데. 넌 지금 네 모습 그대로 멋져 보여.

A   Thanks for the kind words. But I also have high cheekbones. Do you think it would be better if I had surgery to reduce them a bit?
친절한 말씀 감사. 하지만 난 광대뼈도 튀어나왔는걸. 수술해서 좀 줄이면 더 나아 보일까?

B   Oh, dear, please don't do that. Your high cheekbones make you look intelligent and confident.
아, 얘. 제발 그건 하지 마. 넌 광대뼈가 튀어나와서 지적이고 자신감 있어 보인단 말이야.

A   Really?
정말?

B   Absolutely. And just look at your milky white skin! Your complexion is as smooth as a baby's. So, don't even think about undergoing any surgery and simply thank your mom!
그렇다니까. 네 그 우윳빛 뽀얀 피부만 봐도 그렇지! 피부가 아기처럼 곱잖아. 그러니 무슨 수술 같은 건 생각하지도 말고 그냥 엄마한테 감사나 해!

❷ Recently I've been experiencing breakouts on my skin and have noticed some liver spots around my temples. Additionally, I often have redness on my cheeks. I think I should schedule an appointment with a dermatologist sometime this week.
최근에 내 피부가 뒤집히고 있고, 관자놀이 주변에 기미가 생긴 것도 발견했다. 게다가, 뺨에 홍조도 자주 생긴다. 이번 주 언제 피부과 의사와 진료 예약을 잡아야 할 것 같다.

이목구비

MP3 004

☑ CHECK

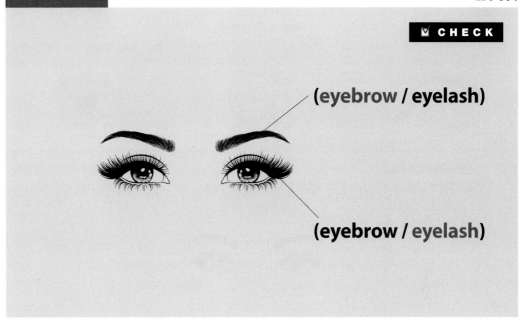

(eyebrow / eyelash)

(eyebrow / eyelash)

이목구비(귀, 눈, 입, 코)의 각 부분, 얼굴의 어느 (한) 부분 feature(s)

이목구비가 뚜렷하다
have sharp[prominent] facial features,
one's facial features are prominent[distinct]

이목구비가 시원스럽고 잘생겼다
have a strong[handsome] face

잘생긴	두툼한 귓불
handsome	thick earlobes

(숱이 많아) 짙은 눈썹	얇은 눈썹	색이 여한/진한 눈썹
thick eyebrows	thin eyebrows	light/dark eyebrows

눈썹 문신 시술을 받다
get microblading

눈가의 주름
eye wrinkles

다크서클
**eyebags,
bags under one's eyes**

(눈 화장이 번져 생긴)
눈 주위의 검은 자국
panda eyes
(비격식, 일상 회화 표현)

검은 눈동자
dark brown eyes

* **black eyes** 멍든 눈

(생기나 흥분으로) 반짝이는 눈동자
sparkling eyes

(흥미·활기를 보이지 않는)
멍한[게슴츠레한] 눈의
glassy-eyed(약물 중독 때문이
라는 부정적인 의미도 표현함)

사시의
cross-eyed

(소처럼) 눈이 큰
ox-eyed

눈꼬리가 치켜 올라간 눈
slanted eyes

아래로 축 처진 눈꺼풀
droopy eyelids

쌍꺼풀
double eyelids

홑꺼풀
single eyelids

쌍꺼풀 수술을 받다
**have[get] double
eyelid surgery**

속눈썹이 길다
have long eyelashes

속눈썹 연장
eyelash extensions

오똑한/낮은 코
sharp/flat nose

주먹코
potato nose

(코끝이 머리 쪽을 향하는) 들창코
upturned nose

팔자 주름
laugh[smile] lines

(코끝이 바닥 쪽을 향하는) 화살코
downturned tip nose

(콧등이 튀어나온) 매부리코
hooked[hawk] nose

도톰한/얇은 입술
full/thin lips

팔자 주름
laugh[smile] lines

뻐드렁니
buck tooth

송곳니
canine tooth

입 냄새, 구취
bad breath,
halitosis(의학 용어)

입술이 트다
one's lips are[get] chapped,
have chapped lips

입술이 촉촉하다
one's lips are moist

❶ I often see people getting confused between "eyebrow" and "eyelash." Eyebrows are above the eye and eyelashes are on the edge of the eyelids.

사람들이 '눈썹'과 '속눈썹'을 혼동하는 것을 종종 본다. 눈썹은 눈 위쪽에 있는 것이고, 속눈썹은 눈꺼풀 가장자리에 붙어 있는 것이다.

❷ Have you met the new member of the marketing team? He has sharp facial features and thick eyebrows, and I think he's one of the most handsome guys in our company!

마케팅팀에 새로 온 팀원 봤어요? 이목구비가 뚜렷하고 눈썹도 짙은 것이, 우리 회사에서 가장 미남인 것 같아요!

❸ A Oh, look at my eye bags! What shall I do to get rid of them quickly?

오, 내 다크서클 좀 봐! 이거 빨리 없애려면 어떻게 해야 하지?

B Please don't stay up overnight. I heard sleeping is the best treatment for eye bags.

밤 좀 새지 마. 다크서클에는 수면이 제일 좋은 약이라더라.

❹ Amy got double eyelid surgery and eyelash extensions last winter, and she's considering getting another surgery for her nose. I think her nose looks fine, but she thinks it's hooked and needs some "touch-up" work.

에이미는 작년 겨울에 쌍꺼풀 수술과 속눈썹 연장 시술을 받았는데, 코 성형 수술을 한 건 더 받으려고 생각 중이다. 내 눈에는 코가 괜찮아 보이는데, 에이미는 코가 매부리라서 '손질'을 좀 해 줘야 한다고 생각한다.

❺ Bad breath can be caused not only by oral health problems but also by underlying health conditions.

구취는 구강 건강 문제뿐 아니라 근본적인 건강 상태 때문에 생길 수도 있다.

MP3 **005**

☑ **CHECK**

He is (**smiling / laughing**).

He is (**smiling / laughing**).

~한 표정/얼굴 형용사 + expression[look]/face	언짢은/불쾌한[기분이 상한] 표정/얼굴 unpleasant/offended expression[look]/face	재미있는[웃긴] 표정/얼굴 funny expression[look]/face
~해 보이다, ~한 것 같다 look[seem, appear] + 형용사 화나 보이다 look angry	어리둥절해 보이다 look puzzled	시무룩한 sullen
화난 angry 분노한 furious	긴장한 nervous 불안한 anxious	우울한 depressed, gloomy

(표정 등이)
우울해 보이는, 애처로운
doleful

속마음을 알 수 없는
[속셈을 드러내지 않는] 표정
poker face
(포커판에서 패를 숨기기 위해 태연한
표정을 한 데서 유래)

무표정한, 감정이 없는
impassive
(의도적이지 않을 수도 있고, 의도적으
로 감정을 숨기거나 억누를 수도 있음)

무표정한, 멍한
blank(특별한 의도 없이)

걱정스러운
worried

심각한, 진지한
serious

놀란
surprised, shocked

겁먹은
frightened

즐거운
cheerful, pleasant

(어떤 원인으로 인해) 지루한
bored

찡그린 표정 grimace, frown

얼굴을 찌푸리다
make a face (마음에 안 들어서 또는 남을 웃기기 위해 일부러)

(울음이 터지려고) 얼굴이 일그러지다
crumple

우울한 얼굴을 하다, 울상을 하다
make a long face

웃다	소리 내어 웃다 laugh	소리 없이 미소 짓다 smile	(입이 귀에 걸리게) 소리 없이 활짝 웃다 grin widely [from ear to ear], have a wide grin on one's face

활짝 웃음을 터뜨리다 break into a wide grin	키득키득 웃다 giggle	싱글벙글 웃다 be all smiles	웃음을 터뜨리다, 빵 터지다 crack up (비격식, 일상 회화 표현)

울다	울다 cry	눈물을 흘리다 weep	흐느끼다 sob	(아이가) 칭얼대다 whine

TIP **look, seem & appear**

모두 어떤 사람이나 사물, 상황이 '~해 보이다, ~인 것 같다'의 뜻으로 보통 서로 바꿔 써도 되지만, 미묘한 뉘앙스 차이는 있다.

look은 눈에 보이는 외관을 좀 더 구체적이고 직접적으로 묘사하는 전형적인 단어이다. Tom looks tired after working all night.은 밤을 새워 일한 Tom의 핏발 선 눈과 지친 표정을 보니 피곤한 것이 분명하다는 의미이다.

seem은 묘사 대상의 밖으로 드러난 모습을 보고 느낀 주관적인 인상이나 견해를 나타낸다. 그 인상이나 견해가 꼭 정확하다는 보장은 없고, 보는 이에 따라 해석이 달라질 수도 있다. He seems unhappy today.라고 했다면, 그가 뚱한 표정을 하거나 문을 쾅 닫는 모습에 오늘 기분이 나쁜 것 같다고 해석한 것이다.

appear도 seem과 마찬가지로 대상의 겉모습을 보고 느낀 인상을 표현하지만, seem보다 좀 더 객관적인 관찰에 근거한 묘사여서 의심의 여지가 별로 없고, 다른 사람들이 보기에도 명백한 경우를 나타낸다. 하늘에 구름 한 점 없고 맑다면 The sky appears clear.라고 할 수 있다.

1 A Janet, you look puzzled. What's wrong?
재닛, 너 당황한 것 같아. 무슨 일이야?

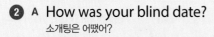

B Huh, I bought a fan through a second-hand market app, but it doesn't work! The seller seemed friendly, but he ended up cheating me!
허, 중고 시장 앱으로 선풍기를 한 대 샀는데, 작동이 안 돼! 판매자가 친절해 보였는데 알고 보니 나한테 사기를 친 거였네!

2 A How was your blind date?
소개팅은 어땠어?

B Oh, she was gorgeous. I really liked her, but...
아, 멋진 여자였어. 난 참 맘에 들더라고. 그런데…

A But, what? Didn't she like you?
그런데 뭐? 그 여잔 널 마음에 안 들어했어?

B Well, I'm not sure. She was smiling, laughing and being nice until I told her about my first impression of her. I just tried to give her compliments, but she suddenly looked unpleasant, made a face, and then got angry.
글쎄, 잘 모르겠어. 내가 그 여자 첫인상에 대해 얘기하기 시작할 때까진 미소 짓고, 웃고, 친절했거든. 난 그냥 칭찬해 주려고 했는데, 그녀가 갑자기 불쾌해 보이더니 얼굴을 찌푸리고, 그러고는 화를 내는 거야.

A Hey, what did you say to her?
야, 그 여자한테 뭐라고 했는데?

B You know, she was very lovely with those big, shiny eyes, and they reminded me of my cute dog, so I told her she had a dog-like face.
있잖아, 그녀가 눈이 크고 빛나서 몹시 사랑스러웠고, 그 눈을 보니까 귀여운 내 강아지가 생각나더라고. 그래서 그녀에게 강아지 같은 얼굴이라고 했지.

A What? "Dog-like face"? You shouldn't have said that! It's a derogatory term that means "ugly"!
뭐? 강아지 얼굴? 그 말은 하지 말았어야지! 그건 '못생겼다'는 뜻의 경멸적인 용어라고!

B Really? I didn't mean it!
정말? 난 그런 뜻이 아니었어!

MP3 **006**

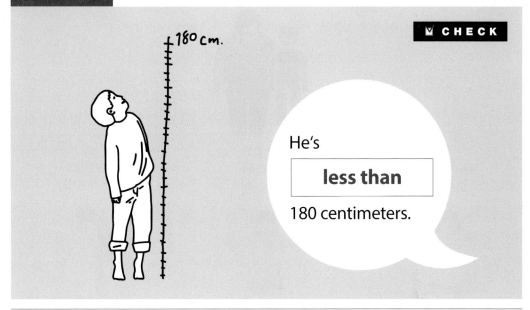

☑ CHECK

He's

less than

180 centimeters.

키가 큰 tall
키가 작은 short

키가 큰 편이다
be rather[fairly] tall

키가 작은 편이다
one's height is on the
small[smaller] side
(키가 작다는 사실을 부정적이거나
무례하지 않게 표현)

저신장의, 키가 작은
of short[small] height

중키[보통 키]인
of medium height

평균 신장/체중인
of average height/weight

키가 180센티[6피트대]다
be around 180
centimeters[6 feet] tall

키가 ~센티/피트 넘다
be taller than ~
centimeters/feet

키가 ~센티/피트 미만이다
be less than ~
centimeters/feet

6피트보다 1인치 작은
one inch under six feet

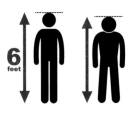

저체중의
underweight

과체중의
overweight

살이 (조금) 찌다
put on (a little) weight

살이 빠지다
lose weight

~(수치)킬로그램이/파운드가 나가다
weigh ~ kg/lbs

~(수치)킬로그램/파운드까지는
안 나가다
weigh less than ~ kg/lbs,
be not up to ~ kg/lbs

~(수치)킬로그램/파운드 또는
그 이상이다
be ~ kg/lbs or more

보기보다 많이 나가다
weigh a lot more than
주어 + look(s)

200파운드가 넘는 남자들
200-plus-pound men

~살(이다)
(be) ~ years old

~살이 되다
turn ~

40대 초반/중반/후반의
in one's early/mid/late forties

나이가 ~살에 가깝다, 되어 가다
be almost[going on,
pushing(비격식, 일상 회화 표현)] ~

A가 B보다 몇 살 더 많다
A has some years on B

우리는 동갑이다.
We're the same age.

A는 B와 동갑이다
A is the same age as B

Missing

We are searching for an elderly man of medium
height, who is less than 170 centimeters tall. He left
his home yesterday afternoon and has not been
found yet. He was last seen wearing a black T-shirt
and gray pants. He is 63 years old but may appear to
be in his seventies or even his early eighties. He has gray
hair, wrinkles on his face, and a hunched posture due to
health issues. He is very thin, weighing less than 50kg. If
you happen to come across this man, please immediately
contact us at the following number: 0000–0000.

실종자를 찾습니다
170센티 미만 중간 키의 어르신을 찾습니다. 어제 오후 자택을 나가 현재까지 종적을 찾을 수
없습니다. 검은색 티셔츠와 회색 바지를 입고 있는 모습이 마지막으로 목격되었습니다.
63세이지만 70대 또는 80대 초반으로 보일 수도 있습니다. 흰 머리에 주름진 얼굴이며,
건강 문제로 자세가 구부정합니다. 50킬로그램이 채 안 되는 매우 마른 체형입니다.
이 사람을 발견하시는 분은 즉시 다음 번호로 연락 바랍니다. 0000-0000.

TIP   미국에서의 키와 몸무게 표현

미국에서 키는 피트(feet, ft.)와 인치(inch, in.)로, 몸무게는 파운드(pound, lb)로 나타낸다.
파운드를 약어로 표시할 때는 lb라고 쓰는데 이것은 라틴어의 libra(천칭)에서 나온 말이다.

   1m = 3.28ft / 1kg = 2.2lb
   1ft = 0.3048m / 1lb = 0.453kg

 * 난 5피트 3인치야.
   I'm 5′ 3″ (in height).
      └. five feet (and) three inches
      = five foot three = five three

 * 난 60킬로그램[132파운드]이야.
   I weigh 60kg[132lbs].
       └. sixty kilograms[one (hundred) thirty-two pounds]

MP3 007

✓ CHECK

She's **(wearing / putting on)**
yellow pants and
(wearing / putting on)
a black coat.

(옷·신발·장신구 등을) 입고 있다, 착용하고 있다
wear(입고 있는 상태에 초점)

옷을 입다
put on(입는 행동에 초점),
dress('입히다'의 뜻으로도 사용)

옷을 벗다
take off, (get) undress(ed), strip

옷을 갈아입다
change (one's) clothes

(신발을) 급히 벗다
kick off

~(옷)을 걸치다
throw ~ on(급히 걸치는 느낌)

(잘 맞거나 어울리는지 보려고 옷 등을) 입어 보다
try on

간편하게 (평상복을) 입다
dress down

성장을 하다, 차려입다
dress up

44

멋지게 차려입은 dressed to kill	정장을 하다 wear a suit and tie, dress formally	제복[유니폼]을 입다 suit up

매우 비싸고 멋진 옷을 입다 dress like a million bucks	제일 좋은 옷을 입다 be dressed in one's best	잘 차려입다 be dressed up to the nines

TIP　take off, undress & strip

take off는 입고 있던 옷을 벗는다고 할 때 쓰는 일반적이고 중성적인 표현이다. 꼭 옷뿐 아니라 모자, 안경, 신발 등 몸에 걸치는 모든 것들을 벗는다고 할 때 사용할 수 있다.

undress는 느긋하게, 의도적으로 벗는다는 느낌인데, 사적인 상황(privacy) 또는 긴장을 풀고 휴식하는 상황(relaxation), 예를 들어 목욕이나 잘 준비를 하려고 벗는다고 할 때 많이 쓴다. 일반적으로 입고 있던 옷을 모두 벗는 것을 암시하지만, 상황과 맥락에 따라 겉옷 등 일부만 벗는 것을 의미할 수도 있다.

strip은 세 동사 가운데 가장 급하게 벗어던진다는 느낌이 강하며, 주로 성적(性的)인 목적이나 공연처럼 보는 이를 즐겁게 하기 위해 벗는 행위를 나타낸다. 점잖게 느껴지는 표현은 아니며, 격식을 차리지 않는 상황에서 주로 쓰인다.

What a long day it was! I had to dress up for a big presentation today. Fortunately, the presentation was rather successful, but I was totally exhausted. As soon as I came back home, I kicked off the high heels.

I wanted to take a walk for a while to relax and refresh myself before dinner, so I dressed down. When I finished changing clothes into a comfortable T-shirt and yellow pants, a friend of mine who lives next door called me and said, "Sarah, let's have dinner together! A casual dining place has newly opened. Can you come out now?"

"Of course! I'm wearing a T-shirt and pants already and just putting on my coat."

A delicious dinner with my close friend in a new restaurant! What a lovely way to end the day!

오늘은 얼마나 힘든 하루였는지! 오늘 중요한 프레젠테이션이 있어서 정장을 차려입어야 했다. 다행히도 프레젠테이션은 성공적이었지만 나는 완전히 녹초가 되어 버렸다. 집에 오자마자 하이힐을 벗어 던졌다.

저녁 식사 전에 산책하면서 긴장을 풀고 기분 전환도 하고 싶어서 간편한 옷을 입었다. 편안한 티셔츠와 노란색 바지로 갈아입고 나자, 옆집에 사는 친구가 전화를 걸어왔다.

"새러, 같이 저녁 먹자! 편하게 먹을 수 있는 밥집이 새로 개업했어. 지금 나올 수 있니?"

"그럼! 이미 티셔츠랑 바지는 입고 있으니까 코트만 입으면 돼."

새로 연 식당에서 친한 친구와의 맛있는 저녁 식사! 정말 멋진 하루 마무리였다!

B를 입으면 A가 ~해 보이다
A looks ~(형용사) in B, B makes A look ~(형용사)

딱 들어맞는[어울리는] 스타일
well-put-together look

멋진, 패셔너블한
stylish, trendy, chic, cool, sharp

우아한, 멋진
elegant

세련된
refined(단순하면서 절제된 우아함이 느껴지는), sophisticated(원단, 재단 등이 명품이고 매우 정교한)

옷을 잘 입은
smartly dressed, well-dressed

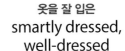 

단정하고 말쑥한
well-groomed

옷을 멋지게 입는 사람
sharp dressed man, sharp dresser
(주로 남성을 언급함)

힙한
hip
(최신 스타일이나 패션 등을
알고 이를 따르는)

힙스터
hipster
(주류에서 살짝 빗겨나
최신 경향이나
패션을 따르는 사람)

맵시 있다, 센스 있어 보이다
look smart(주로 영국에서)

정말 멋져 보이다
look gorgeous[great]

타고난 패션 감각이 있다
have a natural sense of style

별 노력 없이도 (원래 멋이 있어서 그)
멋이 옷차림으로 드러나다
have an effortless coolness that comes through in one's clothing

cool, sharp & smart

모두 훌륭한 외모나 차림새를 칭찬하는 의미로 쓸 수 있지만, 약간의 차이가 있다.

cool은 '굳이 별 노력 안 해도 드러나는 멋짐(effortless coolness)'을 지닌, 매력적이면서 자신감 있고, 종종 다소 반항적이면서 주변에 무심한 인상을 풍기기도 하는 사람을 표현할 때 쓰면 좋다. 우리가 흔히 하는 '무심한 듯 시크한' 정도의 느낌과 비슷하다.

sharp는 깨끗하고 깔끔하게 단장했음을 표현하는데, 프로페셔널하고 우아하며 세련된 분위기를 나타낸다.

smart는 단순히 옷을 잘 입을 뿐 아니라, 이에 더해 지적인 면모도 풍기는 사람을 묘사하기 좋은 말이며 영국에서 이런 뜻으로 많이 쓰인다.

한물간 **unfashionable**	단정치 못한, 흐트러진, 너저분한 **unkempt**	안 어울리는, 구식의 **frumpy**

(빗질하지 않은 덥수룩한 머리 모양뿐 아니라 조합이 안 맞는 옷, 주름진 바지 등 너저분한 복장으로 전체적인 외모가 단정치 못한 상태도 나타냄)

(주로 여성이나 여성의 옷차림을 말할 때 씀)

다 낡은, 추레한 **shabby**	촌스러운 **countrified**	고루하고 촌스러운 **dowdy**

유행에 뒤떨어진, 구식의
**out of fashion,
cheugy**(속어)

(마치 노숙인처럼) 꾀죄죄한
bummy(속어)

❶ I'll throw away that old pink dress because it makes me look overweight and dowdy.

나 저 오래된 분홍색 원피스 버릴래. 그걸 입으면 뚱뚱하고 사람이 촌스러워 보여.

❷ You look great tonight! That's a well-put-together look for this party. I believe you really have a natural sense of style.

오늘 밤 정말 멋지시네요! 이 파티에 딱 어울리는 옷차림이에요. 정말 패션 감각을 타고나신 것 같아요.

❸ I think Matthew is a real hipster. He looks smart and stylish in whatever kind of clothes. He has an effortless coolness that comes through in his clothing.

난 매튜가 진정한 힙스터인 것 같아. 어떤 옷을 입어도 맵시가 있고 스타일리시해 보이거든. 별 노력 없이도 옷차림에 멋이 드러나잖아.

❹ Who's the woman wearing such frumpy and shabby clothes?

저런 추레하고 구닥다리 같은 옷을 입은 여자는 누구야?

(과할 정도로) 색이나 패턴 등을
완전히 통일한
matchy-matchy

믹스 매치하다
mix and match
(다른 옷 등을 함께 섞어 조합하다)

두드러져 보이는, 대담한
bold
(중성적인 의미)

현란한, 화려하게 장식한
ornate
(장식적인 디테일을 강조)

(스팽글·메탈사 등 반짝이는 재질을 사용해)
눈길을 끄는, 화려한
flashy
(반짝거리는 재질을 강조)

색이 (과하게) 화려하고 밝은,
야단스러운
loud
(불쾌감을 줄 정도로 지나치게 밝은
색상을 강조. 부정적인 의미)

지나치게 화려한, 야한
garish(loud보다 더 부정적인 의미),
gaudy
(천박하고 싸구려임을 암시하는
부정적인 의미)

(부나 지위를 과시하려는 듯)
지나치게 화려하고 호사스러운
ostentatious
(부정적인 의미)

(밝은 색·특이한 모양 등으로)
눈에 확 띄는
showy
(관심을 끄는 디자인을 강조.
ostentatious와 비슷한 의미 또는
취향이 고상하지 못함을 나타냄.)

수수한, 평범한
plain

(복장·색채 등이) 부드러운,
점잖은, 절제된
subtle(평범한 것과는 미묘하게
다른 세련된 방식으로), muted,
understated

무채색 옷을 입다
dress in[wear] an
achromatic-color outfit

50

차림새에 포인트를 주다, 더욱
돋보이게 하다, 멋을 더하다
spice up

(더 멋져 보이도록)
액세서리를 (더)하다
accessorize

최고급 의류
high-end clothing

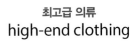

(옷, 신발 등의 사이즈가) A에게
아주 잘 맞다
fit A perfectly

(옷 등이) 너무 작아/커 보이다
look too small/big

(옷 등이) A에게 잘 어울리다
suit A well,
look good on A

헐렁하게 입다
wear loose-fitting
[baggy] clothes

(사이즈를) 딱 맞게 입다
wear clothes that fit well,
wear clothes that are the
right size

몸에 편안하게 딱 맞다
fit snugly to
the body

몸매가 다 드러나는 청바지/바지
skinny jeans/pants

헐렁한 청바지/바지
loose-fitting jeans/pants,
baggy jeans/pants
(자루 모양으로 늘어진 바지)

통이 넓은 청바지/바지
wide-legged jeans/pants

몸의 굴곡과 윤곽을 강조하다
accentuate the curves and contours of the body

몸에 달라붙는 신축성 있는 섬유
body-hugging, stretchy fabric

* **hug** (특히 사람의 몸에) 딱 달라붙다

몸에 맞는, 입기에 편한
bodycon
(body-conscious의 축약형)

몸에 꼭 맞는 밀착되는 원피스
bodycon[body-conscious] dress

TIP　　'바지'를 나타내는 다양한 표현

pants는 '바지'를 가리키는 일반적인 말이지만, 영국에서는 주로 속옷인 '팬티'의 뜻으로 쓰인다. 영국에서는 '바지'의 뜻으로 **trousers**를 쓴다.
slacks는 딱 붙지 않고 통에 여유가 있는 바지를 뜻하는데, 예전에는 여자용 바지를 주로 가리켰지만 현재는 구분 없이 쓰인다.
jeans는 blue jeans, 즉 '청바지'를 말한다.

주름 장식이 달린
ruffled, with frills(영국)

리본/나비 매듭이 달린
with ribbons/a bow

구겨진 옷
wrinkled[creased, rumpled, crumpled] clothes
(오른쪽으로 갈수록 주름과 구겨짐의 정도가 더 심함)

다림질이 잘 된 옷
well-ironed clothes(일상적인 표현),
(neatly) pressed clothes(공적·전문적인 느낌)

빳빳하게 풀을 먹인 옷
clothes that are starched to be stiff and straight

통기성이 있는
breathable

긴/7부/반소매
long/three-quarter/short sleeves

민소매의
sleeveless

빈티지/에스닉/복고풍 스타일
vintage/
ethnic/
retro style

시스루 룩
see-through
[sheer] look

캐주얼 복장
casual[relaxed] attire

정장
suit, formal wear(예복)

세미 정장 (스타일)
casual suit,
semiformal attire

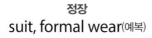

양말에 구멍이 나다
one's sock needs darning[mending],
have a hole in one's sock

스타킹 올이 나가다
have a run in one's stocking,
there's a run in one's stocking

내복
undershirt, inner wear,
long johns, long underwear

속옷
underwear

잠옷
sleepwear, nightshirt, pajamas(파자마),
nightdress, nightie
(nightdress와 nightie는 여성용)

1 Judy and I are twins, but our taste for clothing is totally different. I like to try new fashions, so I enjoy mixing and matching various items and spicing up my outfit with bold, ornate and flashy accessories. On the other hand, Judy says my clothing is too loud and showy. She always dresses in achromatic-color outfits which look too plain and even boring to me, but she says all the clothes she chooses are refined and subtle. I like skinny jeans and bodycon dresses but she likes loose-fitting pants and dresses. Though we are so different, we get along very well!

주디와 나는 쌍둥이지만 옷 취향은 전혀 다르다. 나는 새로운 패션을 시도해 보는 걸 좋아해서 다양한 아이템을 믹스매치하고, 대담하고 화려하고 번쩍번쩍 눈길을 끄는 액세서리로 복장에 멋을 더하는 것을 좋아한다. 반면에 주디는 내 옷차림이 너무 요란하고 튄다고 한다. 그 애는 늘 무채색 옷을 입는데, 내 눈에는 너무 평범하고 지루해 보이기까지 하지만, 그 애는 자기가 고르는 옷은 모두 세련되고 절제미가 있단다. 나는 몸매가 드러나는 청바지와 몸에 착 붙는 원피스를 좋아하는데, 그 애는 헐렁한 바지와 원피스를 좋아한다. 우리는 이렇게 참 다르지만, 서로 아주 잘 지낸다!

2 Mom, which one looks better on me: the ruffled pink blouse or the blue one with ribbons?

엄마, 주름 장식 달린 분홍 블라우스랑 리본 달린 파란 것 중에 어떤 게 나한테 더 잘 어울려요?

3 In the summer, my late grandfather used to wear ramie jackets that were starched to be stiff and straight, and he would carry a folding fan.

돌아가신 우리 할아버지는 여름이면 빳빳하게 풀을 먹인 모시 저고리를 입으시고, 쥘부채를 들고 다니셨다.

4 He chose to wear a black suit that was well-ironed for his brother's wedding.

그는 자기 형 결혼식 때 입을 옷으로 잘 다려진 검정색 정장을 골랐다.

5 After getting off the crowded bus, I noticed that there was a run in my stocking, so I had to hurry to the convenience store to buy a new pair of stockings.

만원 버스에서 내린 후에 나는 스타킹 올이 나간 것을 발견했다. 그래서 새로 하나 사려고 서둘러 편의점으로 가야 했다.

겉옷, 외투류 outerwear	외출용 차림 going-out look	셔츠 shirt 티셔츠 T-shirt 와이셔츠 dress shirt	후드 티 hoodie, hooded sweatshirt

목폴라 turtle neck	원피스 dress	맨투맨 티셔츠(운동복 상의) sweatshirt	운동복 바지 sweat pants

추리닝(운동선수의 보온복) track suit	스웨터 sweater, pullover	핫팬츠 hot pants	반바지 shorts, breeches (무릎 바로 아래에서 여미는 바지)

칠부바지 capri pants	나팔바지 flared pants, flares, bell-bottoms, bell-bottom(ed) pants	밑으로 갈수록 좁아지는 청바지 tapered jeans	고무줄 바지 banding pants

주름이 잡힌 풍성한 치마
flounce skirt

주름 스커트
pleated skirt

(치마 전체에 천을 접어 만든 일정한
두께의 주름이 있음),

gather(ed) skirt

(허리 부분에 잔주름이 있음)

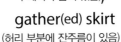

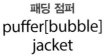

점퍼, 재킷
jacket

* **jumper** 스웨터(영국),
점퍼스커트(소매 없는 원피스)(미국)

**바람막이 점퍼,
윈드브레이커**
windbreaker,
windcheater

패딩 점퍼
puffer[bubble]
jacket

롱패딩
long puffer
jacket

무스탕 재킷
shearling coat

(안에 깎은 양털이 있는
가죽 재킷)

청/가죽 재킷
denim/leather
jacket

플리스 재킷
fleece jacket

코트
coat

반코트
car coat,
mid-length coat

바바리코트
trench coat

스포츠웨어, 평상복
sportswear

(영국: 운동복, 미국: 평상복)

홈웨어, 평상복
loungewear

운동복(땀복)
sweat suit

임부복
maternity clothes

상복 mourning (dress, clothes)	제복 uniform	수영복 swimsuit, swimwear	잠수복 diving suit

스킨스쿠버 복장 scuba diving suit	구명조끼 life vest[jacket]	등산복 hiking clothes	승마복 equestrian clothing, riding attire

수녀복, 수도복 habit	사제복 vestments, priest robes	스타킹 stocking, nylons 팬티스타킹 pantyhose(미국), tights(영국)	판탈롱 스타킹 over the knee highs

니삭스 knee highs	밴드 스타킹 thigh highs, thigh-high stockings * (Christmas) stocking 크리스마스 양말	레깅스 leggings	목도리 scarf

보온용 귀마개	하이힐	굽이 있는 신발	크로스백
earmuffs	high heels	shoes with heels	crossbody bag, messenger bag

TIP **'옷'을 뜻하는 단어들**

clothes: '옷, 의류'를 가리키는 일반적인 말

outfit: 특정한 목적에 맞춰 (멋져 보이게) 코디하고 조합해 입는 (한 벌의) 복장

a new outfit for the party 파티에 입을 새 옷

costume: 특정한 민족·계층·문화 등에서 입거나 핼러윈 파티, 연극 공연, 가면무도회 등을 위해 입는 (한 벌의) 의상

gear: 어떤 특정한 활동이나 목적에 필요한 복장 또는 장비

sports gear, hiking gear

wear: 보통 합성어로 쓰임. 특히 상점에서 판매하는 특정한 용도의 옷을 표현. sportswear

garment: 격식을 차릴 때 또는 문어체에서 주로 사용

* 이런 구분이 절대적인 것은 아니므로 상황에 따라 달라질 수 있는데, 예를 들어 costume을 outfit과 서로 바꿔 쓸 수 있는 경우도 있다.

MP3 008

☑ CHECK

He
(looks / looks like)
a hip-hop singer.

평범해 보이는
plain-looking

잘생긴
good-looking
(외모가 뛰어나다는 뜻만 나타냄),
handsome

별로 매력적이지 않은
not much to look at

아름다운, 사랑스러운,
아주 매력적인
lovely(묘사하는 대상에 대한 애정을 표현)

예쁜
pretty

매력적인
attractive(외모가 뛰어나거나
성격이 좋아서 매력적이라는 뉘앙스),
hot(성적 매력이 있는)

아름다운
beautiful
(외모뿐 아니라 내면과 행동까지
아름답고 매력적일 때)

멋지고 아름다운
gorgeous
(눈에 보이는 외모를
주로 표현)

귀여운
cute
(처음 보는 이성에게 호감
이 느껴질 때도 사용)

눈에 띄다
stand out, be eye-catching

깜짝 놀랄 만큼 매우 예쁜
stunning

호감이 가는
likeable

앳된 얼굴의 baby-faced
어려 보이는
young-looking

**사진을 잘 받는,
사진이 잘 나오는**
photogenic

**동안이다, 실제 나이보다
(훨씬) 어려 보이다**
look (much) younger than one's age

**실제 나이보다
더 들어 보이다**
look older than one's age

**~(영화배우/보디빌더 등)
처럼 보이다**
look like ~
(a movie star/
bodybuilder 등 명사)

~와 닮다
look[be] alike ~, resemble ~, take after ~, be similar to ~

~와 꼭 닮다, 판박이다
look exactly like ~, be a dead ringer for ~, be the spitting image of ~

A Wow, how lucky! Am I dreaming now? There're many famous singers here! They seem to be preparing some performance.
와, 운도 좋지! 나 지금 꿈꾸는 건가? 여기 유명 가수들이 많네! 공연 같은 것 준비하나 봐.

B Kind of a busking for some donation, I guess. Look! Do you see the good-looking man in a purple jacket? He looks like a hip-hop singer.
기부금 모금을 위한 버스킹 같은 거 아닐까? 봐! 저기 자줏빛 재킷 입은 잘생긴 남자 보여? 힙합 가수처럼 보이는데.

A Yeah, right, though I'm not sure if he's a real hip-hop singer. Oh, there's Julia, a famous ballad singer! What a stunning and gorgeous lady!
그래. 맞네. 진짜 힙합 가수인지는 잘 모르겠지만. 오, 저기 유명 발라드 가수 줄리아 있다! 정말 기막히게 예쁘고 멋진 여자네!

B And there's the rapper Tina, too! She's so baby-faced. She looks much younger than her age. Do you know how old she is? Thirty-one!
그리고 저기 래퍼 티나도 있어! 정말 앳되 보인다. 자기 나이보다 훨씬 더 어려 보여. 저 사람 몇 살인지 알아? 서른하나야!

A Oh, really? She looks just like a teenager!
오, 진짜? 딱 10대처럼 보이는데!

B And don't you think I resemble her?
그리고 나 저 사람이랑 닮은 것 같지 않니?

A What? No way!
뭐? 말도 안 돼!

☑ **CHECK**

(run / jump)

걷다 walk

속보로 걷다
power walk

살금살금 걷다, 숨어 들어가다,
몰래 다가오다
sneak

한가로이
[이리저리, 어슬렁어슬렁] 걷다
stroll

성큼성큼[큰 걸음으로] 걷다,
활보하다
stride

(정처 없이) 돌아다니다,
걸어 다니다, 헤매다
wander

쿵쿵거리며 걷다
stomp

(초조하거나 화가 나서) 서성거리다,
왔다 갔다 하다
pace

발끝으로 살금살금 걷다
tiptoe,
walk on tiptoe(s)

비틀거리며 가다, 갈지자걸음을 걷다
stagger

다리를 절다, 절뚝거리다
limp

뛰다 run

돌진하다
dash,
make a dash

전속력으로 질주하다
sprint

제자리에서 뛰다
jump

(한 발로) 깡충 뛰다
hop

높고 길게[멀리] 뛰어오르다, 도약하다
leap

눈 eye

눈을 깜빡거리다
blink

~을 힐끗 보다
glance at

~에게 윙크하다
wink at

눈에서 눈물이 나다
one's eyes are watery

시선을 돌리다 look away

(못 본 척) 외면하다
look the other way

몰래 엿보다
peep, peek

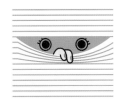

예의 주시하다,
~에서 눈을 떼지 않다
keep one's eye on ~

코 nose

코를 풀다
blow one's nose

(냄새를 맡으려고) 코를 킁킁대다
sniff

(울거나 감기 등으로) 코를 훌쩍대다
sniffle

콧방귀를 뀌다
snort

코를 골다
snore

1 They strolled along the beach and enjoyed the beautiful scenery.

그들은 해변을 따라 슬슬 걸으며 아름다운 경치를 즐겼다.

2 Is there any solution to the inter-floor noise? Every night, the neighbor upstairs stomps all over his apartment. I can't stand the noise anymore.

층간 소음 해결책이란 게 있을까? 매일 밤, 우리 아파트 위층에 사는 이웃이 온 집안을 쿵쿵거리며 다닌다. 그 소음을 이제 더는 못 견디겠다.

3 The boy dashed out of the room as soon as his mom came back home and then opened the front door.

그 소년은 엄마가 집으로 돌아와 현관문을 열자마자 방 밖으로 뛰쳐나왔다.

4 His baby daughter blinked for a while and then finally fell asleep. She slept soundly throughout the night.

아기인 그의 딸이 눈을 잠깐 깜빡거리다 마침내 잠들었다. 딸은 밤새 푹 잤다.

5 Why don't you see a doctor? You're sniffling and blowing your nose all day.

병원에 좀 가지 그래요? 온종일 훌쩍대며 코를 풀고 있잖아요.

입, 혀, 치아
mouth, tongue, and tooth

허를 내밀다
stick one's tongue
out(무례한 느낌)

(분노·고통 등으로 또는 말 그대로)
이를 갈다
grind one's teeth

(분노·불쾌함 등으로) 이를 악물다,
이를 악물고 견디다
grit one's teeth

(쯧쯧) 혀를 차다
click one's tongue

(윗입술 꼬리를 위로 올려)
입술을 삐죽이다
curl one's lip
(경멸, 불쾌감, 반대한다는 뜻을 표현)

입을 오므리다
purse one's lips(불만·의심 등을 표현)

입 다물고[잠자코] 있다, (불쾌한) 말을 삼가다
hold one's tongue

~을 뱉다
spit ~ out
* Spit it out.
(어서) 다 털어놔, 실토해.

입을 안 다물고 먹다
eat with one's mouth open

귀 ear

엿듣다
eavesdrop(의도적으로 도청),
overhear(우연히 들음)
...

귀를 쫑긋 세우다
perk up one's ears
(갑자기 주의를 기울임),
listen carefully

한 귀로 듣고 한 귀로 흘리다
In one ear and out the other.(속담),
listen with half an ear,
be a bad listener

상황·여론 파악을 게을리하지 않다
keep one's ear to the
ground

호흡 breathing

심호흡을 하다
take a deep breath

숨을 들이마시다
inhale, breathe in

숨을 내쉬다
exhale, breathe out

한숨을 (많이) 쉬다
sigh (a lot)

어깨, 손, 손가락
shoulders, hands, and fingers

(모르거나 알 바 아니라는 의미로)
어깨를 으쓱하다
shrug

(너무 바빠서) 손이 안 나다,
다른 일 할 시간이 없다
have one's hands full

목 뒤를 문지르다
rub the back of one's neck

두 주먹을 불끈 쥐다
clench one's fists

(무료함 또는 짜증으로)
손가락을 책상 등에 두드리다
tap one's fingers

손톱을 물어뜯다
bite one's fingernails

손가락 관절로 소리를 내다
crack one's knuckles

손가락을 퉁기다
snap[click] one's fingers

손가락으로 머리카락을 감아 돌리다
twirl one's hair around one's finger

물구나무서기를 하다
do a handstand

다리, 발 legs and feet

(긴장해서 또는 습관적으로)
다리를 떨다
shake one's leg(s)

다리를 벌리고 앉다
sit with one's legs apart

(대중교통을 이용할 때)
다리를 쫙 벌리고 앉는 행동
manspreading
(womanspreading도 쓰이나
manspreading만큼 널리
쓰이지는 않음)

다리를 꼬다
cross one's legs

다리를 꼬고 앉다
**sit cross-legged,
sit with one's
legs crossed**

발끝으로 살금살금 걷다
walk on tiptoe(s)

발을 리드미컬하게 구르다,
또각또각 소리를 내다
tap one's foot

(화 또는 답답함을 표현하기 위해 일부러 세게)
발을 구르다
stomp one's foot

미끄러지다
slip

발을 헛디디다, 걸려 넘어지다
trip

짝다리를 하고 서다
lean on one leg

행동 action

조치를 취하다, 행동으로 옮기다
take action

(뭔가 숨기기라도 하는 것처럼)
이상하게 굴다
act funny

수상하게[의심스럽게] 행동하다
act suspiciously

HOW TO USE

❶ Honey, I think you should go to the dentist. You grind your teeth so loudly while sleeping at night.
여보, 당신 치과에 가 봐야 할 것 같아. 밤에 자면서 이를 아주 요란하게 갈아.

❷ My mom clicked her tongue when she saw my messy room.
엄마는 엉망으로 어질러진 내 방을 보고는 혀를 차셨다.

❸ Hold your tongue and do as I said unless you have a better idea.
더 좋은 아이디어 없으면 입 다물고 내가 말한 대로 해.

❹ I perked up my ears when I overheard them talking about me.
그들이 나에 관해 얘기하고 있는 것을 우연히 엿듣고 나는 귀를 쫑긋 세웠다.

❺ It would be better for you to listen to him with half an ear, as more than half of his words are not true.
그 남자 말은 그냥 한 귀로 듣고 한 귀로 흘리는 게 좋을 거야. 그 사람이 하는 말 절반 이상은 사실이 아니거든.

❻ I'll keep my ear to the ground to find out what's happening as soon as I can.
계속 부지런히 상황 파악을 해서, 무슨 일이 벌어지고 있는지 최대한 빨리 알아낼게요.

❼ Close your eyes, inhale counting slowly from one to five, and then exhale quietly.
눈을 감고, 1부터 5까지 천천히 세면서 숨을 들이쉬세요. 그러고 나서 조용히 숨을 내쉬세요.

❽ When I entered my boss's room, he was tapping his fingers on his desk with an annoyed face.
"What's the matter with you? Your report has too many typos," he said, rubbing the back of his neck.
상사의 방으로 들어가자, 그는 짜증 난 표정으로 책상에 손가락을 두드리고 있었다.
"자네, 어떻게 된 거야? 보고서에 오자가 너무 많잖아." 상사는 목 뒤를 문지르며 말했다.

❾ Why do they not ban manspreading on subways? That's so aggravating!
왜 지하철에서 '쩍벌'하는 걸 금지하지 않는 거야? 그거 너무 열받아!

❿ Be careful not to trip over the cable.
전선에 걸려 넘어지지 않게 주의하세요.

⓫ Why are you acting so funny? Don't tell a lie; spit it out!
너 왜 그렇게 이상하게 구는 거야? 거짓말하지 말고 빨리 실토해!

CHAPTER

2

사물 묘사

Things

MP3 010

☑ CHECK

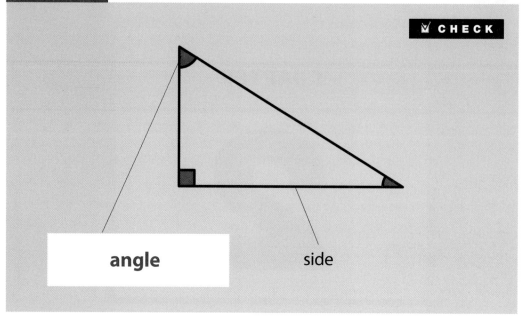

angle　　side

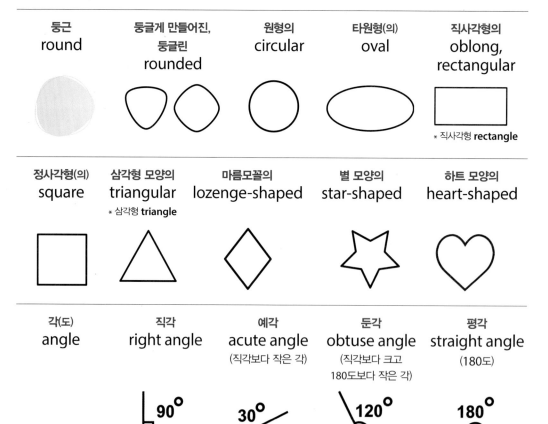

둥근 round	둥글게 만들어진, 둥글린 rounded	원형의 circular	타원형(의) oval	직사각형의 oblong, rectangular
				* 직사각형 rectangle

정사각형(의) square	삼각형 모양의 triangular * 삼각형 triangle	마름모꼴의 lozenge-shaped	별 모양의 star-shaped	하트 모양의 heart-shaped

각(도) angle	직각 right angle	예각 acute angle (직각보다 작은 각)	둔각 obtuse angle (직각보다 크고 180도보다 작은 각)	평각 straight angle (180도)
	$90°$	$30°$	$120°$	$180°$

외각 external [exterior] angle	내각 internal [interior] angle	(다각형의) 변 side 모서리, 테두리 edge	직선의, 똑바른 straight	사선의, 비스듬한 oblique	곡선의, 굽은 curved

지그재그(형의) zigzag	나선형의 spiral	평행하는 parallel 평행선 parallel lines	수직의, (~와) 직각을 이루는 perpendicular (to ~)	울퉁불퉁한 uneven, bumpy 납작한, 평평한 flat

(폭이) 넓은 wide, broad	(폭이) 좁은 narrow	두꺼운 thick	얇은 thin	둥글넓적한 round, broad and flat	뾰족한 sharp, pointed

한쪽으로 갈수록 점점 더 얇아지는[좁아지는] tapered	(주로 바지가) 아래로 갈수록 점점 더 넓어지는 bell-bottom	얼룩말 무늬 zebra print	호피 무늬의 leopard-print, animal-print

줄무늬의 striped	체크무늬의 checkered, plaid	꽃무늬의 floral-patterned	물방울무늬의 polka-dot	얼룩무늬의 brindled

다각형
polygon

정삼각형
equilateral[regular] triangle

이등변삼각형
isosceles triangle

마름모
rhombus

사다리꼴
trapezoid

평행사변형
parallelogram

오각형
pentagon

육각형
hexagon

칠각형
heptagon

팔각형
octagon

원
circle

반원
semicircle

평면 도형
plane
[two-dimensional]
figure

입체 도형
solid
[three-dimensional]
figure

원기둥
cylinder

구
sphere

원뿔
cone

각뿔
pyramid

정육면체
cube

직육면체
rectangular prism

1 Mom! I want those star-shaped sunglasses, please!
엄마! 나 저 별 모양 선글라스 갖고 싶어요, 네?

2 What's the difference between a rectangle and a square?
직사각형이랑 정사각형의 차이점이 뭐야?

3 Do you know what the sum of the internal angles of a triangle is? It is 180 degrees.
삼각형 내각의 총합이 몇 도인지 알아? 180도야.

4 Okay, now draw a pair of parallel lines and then draw another pair of lines perpendicular to the former ones. What do you get? It turns out to be #, a number sign!
자, 이제 평행선 한 쌍을 그리고, 아까 그린 평행선이랑 직각이 되는 평행선 한 쌍을 더 그려 보렴. 그럼 뭐가 되지? 번호 기호 #이 됐네!

5 I need to buy a cabinet for my kitchen but can't choose one between these two. Which one looks better to you: the rustic, wide one with an uneven surface or the narrow one with a rounded edge?
주방에 놓을 수납장을 하나 사야 하는데 이 둘 중에서 못 고르겠네. 넌 어떤 게 더 좋아 보여? 통나무로 투박하게 만든 폭이 넓고 표면이 울퉁불퉁한 것, 아니면 폭이 좁고 모서리를 둥글린 것?

6 Scarlet bought a yellow, floral-patterned tablecloth for her mother's birthday party.
스칼렛은 어머니 생신 파티 때 쓸 노란 색 꽃무늬 식탁보를 샀다.

☑ CHECK

| achromatic | colors | chromatic colors |

(물감의) 삼원색
three primary colors
(cyan, magenta, yellow)

빛의 삼원색
three primary colors
of light (red, green, blue)

무채색
achromatic color
(white, black, gray)

유채색
chromatic color
(무채색을 제외한 모든 색)

채도
color saturation
(색의 선명한 정도. 무채색이 많이
섞일수록 채도가 낮음.)

채도가 높다
have high saturation,
be highly saturated

채도가 낮다
have low saturation

명도
brightness
(색의 밝은 정도. 검은색이 명도가
가장 낮고 흰색이 명도가 가장 높음)

명도가 높다/낮다
have high/low
brightness

기본/따뜻한/차가운/중성적인 색
basic/warm/cold/neutral colors

포인트[강조] 색
accent color

형광색
fluorescent colors

보색
complementary colors
(같이 섞으면 무채색이 되는 색)

A와 B는 보색 관계이다.
A and B complement each other.

거무스름한	환한[밝은, 화려한] 색의	어두운 색의	연한 ~색
dark	bright-colored	dark-colored	light[pale] + 색 이름

짙은[어두운] ~색	밝은 ~색	흰빛이 도는	회색기가 도는
dark + 색 이름	bright + 색 이름	whitish	grayish
진한			
deep			

노르스름한	갈색빛이 도는	녹색기가 도는	푸른 빛을 띤
yellowish, yellowy	brownish	greenish, greeny	bluish

자줏빛을 띤
purplish

검은색을 띤
blackish
(= very dark)

(다른 색과 섞이지 않은)
단색; 단색으로 된
solid

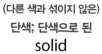

다채로운, 화려한
colorful

화려한
jazzy

탁한, 우중충한
muddy

칙칙한
dull

선명한
vivid

아주 밝은[선명한],
눈부신
brilliant

눈에 확 띄는
splashy, showy

반점[얼룩]이 있는,
얼룩덜룩한
flecked

희끗희끗한
partly
whitish[gray]

표백한
bleached

(물빨래로) 색이 바랜
washed-out

~이 햇볕에 바랬다
~ faded in the
sun, sun faded ~

색이 물든
tinted

천연/화학 염색제
natural/chemical dyes

머리 염색약
hair dye

1 A Mom, did you know when the three primary colors—cyan, magenta and yellow—are mixed, they become black?
엄마, 삼원색인 청록색, 빨간색, 노란색을 섞으면 검은색이 되는 거, 알고 계셨어요?

B How smart! How did you know that?
똑똑하기도 해래! 그걸 어떻게 알았어?

A I learned it at art class today. So I tried mixing the three paints and they really turned out to be black! It was amazing.
오늘 미술 시간에 배웠어요. 그래서 그 세 가지 물감을 섞어 봤더니 진짜로 검은색이 되는 거예요! 정말 신기했어요.

B That's great.
굉장한걸.

2 A Good afternoon. How can I help you?
안녕하세요. 어떻게 도와드릴까요?

B Hello. I'd like to get a bright-colored dress for a party, as its dress code is "bright color," but the problem is I have never tried such colors, so I'm not sure what color would look good on me.
안녕하세요. 파티에 입고 갈 환한 색 드레스를 한 벌 사고 싶거든요. 드레스 코드가 '환한 색'이라서요. 그런데 문제는 제가 그런 색깔을 시도해 본 적이 전혀 없어서 저한테 무슨 색이 어울릴지 잘 모르겠다는 거예요.

A Oh, I see your point. Maybe you always wear achromatic colors.
오, 무슨 말씀이신지 알겠어요. 아마 손님은 늘 무채색 옷을 입으시겠군요.

B Exactly. I don't feel very comfortable in those colorful, vivid ones, you know.
맞아요. 저는 그런 화려하고 선명한 색 옷을 입으면 편하지가 않더라고요.

A I see. Then how about this pale yellow one, similar to the light lemon color? Or this purple one would also be good for you since it doesn't have extremely high brightness or extreme darkness. Please try both of them on, and then I'll check which one looks better on you.
그렇군요. 그럼 연한 레몬색 비슷한 이 흐린 노란색 드레스는 어떠세요? 아니면 이 자줏빛 원피스도 명도가 너무 높지 않고 너무 어둡지도 않아서 손님께 좋을 거예요. 두 벌 다 입어 보시면 어떤 옷이 더 어울리는지 봐 드릴게요.

B Okay, I'll do that. How kind of you!
네, 그렇게 할게요. 정말 친절하시네요!

다양한 색깔 various colors

 amber 호박색(호박(amber)이라는 보석의 색에서 유래).
짙은 주황색(a dark orange-yellow color)

apricot 살구색

 chartreuse 연노랑, 연초록(프랑스의 카르투지오(Chartreuse)회 수도원에서
브랜디와 약초를 섞어 만든 술의 색에서 유래)

 ginger 연한 적갈색, 생강색

 bronze 구리색

salmon 연어살색

 tangerine 오렌지색(오렌지 품종의 하나인 탄제린(tangerine)에서 유래)

 fuchsia 자홍색(푸크시아(fuchsia)라는 꽃 이름에서 유래)

 crimson 진한 빨강(strong red)

auburn crimson보다 더 어두운 색(주로 머리카락 색을 표현)

 magenta 자줏빛이 도는 빨강(purplish red)

 burgundy 진홍색, 암적색(프랑스 부르고뉴(Bourgogne)산 포도주
(Burgundy wine) 색에서 유래)

scarlet 진홍색(a brilliant red color, 머리카락 색을 표현할 때 많이 사용)

plum 자두색

lavender 연보라색(라벤더 꽃 색에서 유래)

jade 옥색, 비취색

navy-blue 어두운 파랑(dark blue)

turquoise 청록색(보석인 터키석 색에서 유래)

 teal 청록색(조류인 쇠오리(teal) 색에서 유래)

 slate 석판색, 푸른빛이 도는 회색(a bluish-gray color)

 taupe 두더지색, 갈색이 도는 회색(a brownish-gray color), 회갈색

질감

MP3 012

☑ CHECK

(coarse / fine)   **(coarse / fine)**

표면이 고르지 않고 거친,
까끌까끌한
rough

표면이 매끄러운
smooth

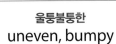

따끔따끔한, 까끌까끌한
prickly

(옷이나 직물이 몸에 닿으면)
가려운, 따끔거리는
scratchy

뻣뻣한
stiff

울퉁불퉁한
uneven, bumpy

평평하고 매끄러운
even

(잘 닳지 않고) 튼튼한,
(식물의 줄기·잎 등이) 억센
tough

단단한, 딱딱한
hard

바위처럼 단단한
hard as a rock

부드러운, 푹신한
soft

솜처럼 부드러운
cottony soft

깃털처럼 부드러운
soft as a feather

비단결 같은
silky

비단결처럼 매끄럽고 부드러운
silky smooth

푹신해 보이는, 솜털 같은
fluffy

몸에 딱 붙고 딱 맞는
body-hugging and
form-fitting

* **body-hugging** 몸에 딱 붙는

잘 늘어나는, 신축성 있는
stretchy
(보통 늘어났다가 원래 상태로 돌아가지만, 아닐 수도 있음),

신축성 없는 직물
unstretchable fabric

stretchable
(원래 상태로 돌아가는지 아닌지에 관계없이 늘어날 수 있다는 것에 초점)

탄력성과 복원력이 있는
elastic
(늘렸던 힘이 사라지면 원래의
상태로 되돌아감)

유연성이 있는, 잘 구부러지는
flexible

뻣뻣한, 잘 휘지[구부러지지] 않는
rigid

잔털[보풀]이 보송보송한,
부스스한
fuzzy

끈적끈적한, 끈끈한, 접착성의
sticky

끈적끈적한, 질척질척한, 점액성의
slimy

(풀·물감 등이 덜 말라서)
조금 끈적한
tacky

미끄러운, 미끈거리는
slippery

(기름기로) 미끌미끌한, 반들거리는
greasy(끈적거리고 기름 자국이 확실히 남는 질감),
oily(표면에 쉽게 퍼지는 액체 질감)

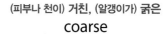

(피부나 천이) 거친, (알갱이가) 굵은
coarse

작은 알갱이가 들어 있는,
모래알 같은
gritty

섬세하고 부드러운,
(알갱이가) 고운
fine

스펀지 같은, 스펀지처럼
무드럽고 흡수성이 좋은
spongy

1 That wood panel is uneven and rough, so make it even
and smooth with a plane and sandpaper.
목판이 울퉁불퉁하고 거치니까 대패와 사포로 고르고 매끈하게 만들어.

2 I like this cottony soft blanket and have been using it for
over five years. It's old but I can't throw it away as I love
that soft feeling.
나는 이 솜처럼 부드러운 담요가 좋아서 5년 넘게 쓰고 있다. 오래되긴 했지만 부드러운
느낌이 너무 좋아서 버릴 수가 없다.

3 Watch your step. The floor is very slippery now.
조심해서 걸으세요. 지금 바닥이 아주 미끄러워요.

4 Cleaning raw fish, especially squids and small octopuses,
is rather hard as they're so slippery. I dislike that slimy
feeling.
날생선, 특히 오징어와 낙지 같은 것은 너무 미끄러워서 손질하기가 꽤 어렵다.
나는 그 질척질척한 점액성의 느낌이 정말 싫다.

5 To pickle radishes, use coarse salt rather than fine salt.
무를 절일 때는 고운 소금보다는 굵은 소금을 쓰세요.

MP3 013

a (**putrid** / **nutty**) stink

냄새 smell, odor, whiff	향기 scent, aroma, fragrance, perfume	악취 stink, stench, reek

신선한, 상쾌한 fresh	기분 좋은, 상쾌한, 쾌적한 pleasant	달콤한, 감미로운 sweet, mellow(그윽한)

(향이 기분 좋게) 진한, 풍부한
rich

과일 향이 나는
fruity

꽃향기가 나는
floral

향기로운
fragrant, aromatic, scented
(향료가 든)

고소한
nutty, aromatic
(깨·커피 원두 등을 볶을 때)

불쾌한 냄새가 나는 smelly
악취가 나는 stinky
역한, 역겨운, 구역질 나는 nasty, disgusting, repulsive

악취가[구린내] 나는,
부패한 냄새가 나는
foul(-smelling)

코를 찌르는 듯한, 자극적인
pungent

썩으면서 악취가 나는
putrid

(기름이 든 음식 등이)
산패한 냄새가 나는
rancid

퀴퀴한, 곰팡내 나는
musty, stale

매캐한
acrid

시큼한
sour

smell은 '냄새'를 뜻하는 가장 기본적이고 일반적인 단어이다.

scent는 특정 물건이나 장소의 특징을 나타내는 뚜렷한 냄새로 보통 '좋은 냄새(향기)'를 말한다.

odor와 **aroma**는 뚜렷이 구분되는 냄새로 odor는 좋은 냄새와 나쁜 냄새에 모두 쓸 수 있고, aroma는 주로 좋은 냄새에 쓰는데 커피, 포도주 등의 향을 표현할 때 많이 쓴다.

fragrance는 상쾌하고 달콤한 향을 나타내며, '향수(perfume)'나 '애프터셰이브 로션(aftershave)'을 뜻하기도 한다.

perfume은 '향수'라는 뜻으로 많이 쓰이지만, '상쾌한 냄새(a pleasant smell)'를 뜻할 때도 있다.

whiff는 바람결에 잠깐 맡게 되는 가벼운 냄새이다. 누군가 지나갈 때 향수 냄새를 맡았다든가 커피나 피자 냄새가 살짝 났다고 할 때 쓸 수 있다.

stink와 **stench**는 강하고 불쾌한 냄새를, **reek**는 구역질 나는 냄새를 표현한다.

(목재나 담배 등이 타는)
연기 냄새가 나는
smoky

(냄새에) 취하게 만드는
intoxicating(술·향수 등의 강하고 유혹적인 향기)

(냄새가) 희미한
faint

(냄새가) 매우 강렬한, 견딜 수 없는
overpowering

달콤한 향기가 나는
sweet-smelling

유혹적인[군침 도는] 냄새
inviting smell

잠깐 사이에 ~의 냄새를 맡다
catch a whiff of ~

~ 같은 냄새가 나다
smell like ~(명사)

코를 찌르는[매우 심한] 악취
overpowering stench

강한 소독약 냄새
strong smell of disinfectant

역겨운 악취
revolting stench

이상한 냄새가 나다
smell funny

나쁜 냄새를 풍기다
give off a smell

고무 타는 냄새
smell of burning rubber

뭔가 타는 냄새를 맡다
smell something burning

비린내가 나다
smell fishy

* '수상하다, 이상하다'의 의미도 있음.

하수 같은 악취가 나다
smell like sewage

화장실에서/싱크대 수챗구멍에서 역겨운 냄새가 올라온다.
A disgusting smell is coming from the bathroom/sink drain.

지독한 악취가 나다
stink to high heaven

A Honey, do you smell some good fragrance?
여보, 무슨 좋은 향기 나지 않아?

B Yeah, it's like a fruity or floral scent. Where is this smell coming from?
그러네. 과일이나 꽃향기 같은데. 이 냄새가 어디서 나는 거지?

A It's me! I'm wearing my new perfume.
나! 새로 산 향수 뿌렸거든.

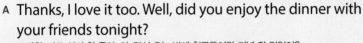

B Oh, you selected a good one. You have such an elegant taste.
오, 좋은 걸로 골랐네. 당신 취향이야 정말 우아하지.

A Thanks, I love it too. Well, did you enjoy the dinner with your friends tonight?
고마워. 나도 이거 참 좋아. 어, 당신 오늘 밤에 친구들이랑 저녁 잘 먹었어?

B Sure. It was a fancy Italian restaurant, and as soon as I entered there, a savory, inviting smell of pizza made my mouth water. It was a nostalgic smell for me, you know, I grew up in Italy. Let's go there together sometime soon.
그럼. 고급 이탈리아 식당이었는데, 들어서자마자 풍미 가득한 식욕을 자극하는 피자 냄새에 군침이 돌더라고. 나한텐 향수를 불러일으키는 냄새였어. 나 어릴 때 이탈리아에서 자랐잖아. 조만간 거기 같이 가자.

A Sounds great. By the way, what's that stink? It's so disgusting.
좋아. 그런데 이 고약한 냄새는 뭐지? 너무 구역질 나.

B Huh? You're right. I'm smelling a revolting stench. Is it coming from the bathroom?
허? 맞네. 아주 역겨운 악취가 나는데. 이거 화장실에서 나는 냄새 아냐?

A Wait. I didn't hear the toilet flush when you were in the bathroom.
잠깐. 나 당신이 화장실 있을 때 물 내리는 소리 못 들었는데.

B Oh my god. Sorry, I forgot to flush the toilet!
아이고. 미안. 변기 물 내리는 걸 잊었어!

MP3 014

CHECK

Let's

split

the bill!

가격이 싼, 싸구려의
cheap
(가격만큼 품질도 싸구려라는 뉘앙스)

비싸지 않은, 저렴한 가격에 비해
품질이 괜찮은
inexpensive

값싼, 저가의
low-priced

저렴한, 저가의
budget
(기본적인 서비스만 저렴하고 실속 있게
이용할 수 있다는 뜻. inexpensive와 같은 의미.)
* budget airlines 저가 항공

(세일 등을 통해서) 정상가보다
싸게 사는 물건, 특가품
bargain

공짜나 다름없이 싸게 산 물건, 횡재
steal
(bargain보다 일상적인 구어 표현)

싸게 잘한 구매,
가성비 좋은 거래
good[great] deal

비용 효율이[가성비가] 좋은
cost-effective

(누구에게나) 알맞은[적당한] 가격의
affordable
(집이나 차 등 상대적으로 비싼 물품이 구입하기에
적당한 가격이라는 뉘앙스)

(가격·상품·서비스 등이)
경쟁력 있는
competitive

그리 비싸지 않은, 합리적인
reasonable, fair,
not too expensive

비싼
expensive

비싼, 비용이 많이 드는
costly, pricey(비격식, 일상 회화 표현)
너무 비싼, (받을 가치보다) 값이 비싸게 매겨진
overpriced

터무니없는 가격
extravagant price

*extravagant
(사람이) 사치스러운, 씀씀이가 헤픈

(가격 등이) 과도한, 지나친
exorbitant

값비싼, 귀중한, 가치 있는
valuable

저가 항공으로 여행하다
travel on a
budget airline

박리다매
small profits and quick
returns

일체의 경비가 다 포함된
~(그 여행) 요금
all-inclusive price for ~
(the trip)

~의 가격이 오르다
the price of ~ rises[soars](치솟다, 급등하다),
the price of ~ is up

~의 가격이 내리다
the price of ~ falls[decreases, plunges, drops, slumps](급락하다. 폭락하다), the price of ~ is down

바가지 쓰다
be overcharged, be[get] ripped off, pay through the nose (for ~)

A를 사는 데 (B가) 큰돈이 들다
A costs (B) an arm and a leg(비격식, 일상 회화 표현)

값을 깎아달라고 하다
ask for a lower price

값을 깎아 주다
give a discount

할인을 받다
get a discount

할인된 가격에 사다/팔다
buy/sell at a discount

덤으로 ~를 주다
throw ~ in

FREE GIFT

각자 내다, 더치페이하다
go Dutch
(비격식, 일상 회화 표현)

여럿이 똑같이 나눠 내다, 'n분의 1' 하다
split the bill

내가 한턱 낼게. 내가 쏠게.
I will pay the bill., It's on me., (This[It] is) My treat.

(술집·식당·호텔 등에서) 무료[서비스]로 제공되는
on the house

* **This ice cream is on the house.** 이 아이스크림은 서비스입니다.

A How was your family trip to Europe?
가족 유럽 여행은 어땠어?

B You must have had a wonderful time there!
거기서 아주 멋진 시간을 보냈겠네!

C Yeah, I really enjoyed the trip. It was perfect.
Here are the gifts I bought for both of you.
I bought these in Switzerland.
응, 여행 정말 좋았어. 완벽했지. 여기 너희 주려고 산 선물. 스위스에서 샀어.

A Wow, chocolates and lipstick! These are things I really
enjoy and need. Thank you so much.
우아, 초콜릿이랑 립스틱이네! 내가 진짜 좋아하고 필요한 건데. 정말 고맙다.

B Thank you, but you shouldn't have. Didn't the trip already
cost you an arm and a leg?
고마워, 하지만 이러지 않아도 됐는데. 이미 여행하느라 돈이 엄청나게 들지 않았어?

C Well, the trip was expensive since three of us in my family
traveled together, but these gifts were a great deal, so
don't worry. We also traveled on a budget airline which
was cost-effective and helped us save money.
뭐, 여행이야 우리 가족 셋이 같이 갔으니까 비싸긴 했지. 하지만 이 선물들은 아주 싸게 잘 샀으
니까 걱정하지 마. 우리가 가성비 좋은 저가 항공으로 여행했기 때문에 돈 절약에도 도움이 됐어.

A You're a smart girl! 역시 넌 똑똑한 여자야!

C But I almost got ripped off once. I tried on a dress at a
street shop, and the salesperson claimed it would be sold
at a discount because it looked fantastic on me. However,
the price was still extravagant, so I decided not to buy
it. Later, I found a very similar dress in another shop, and
guess what? It was much cheaper!
하지만 나도 한 번은 바가지 쓸 뻔했어. 어느 상점에서 원피스를 입어 봤는데, 판매원이 나한테
그 옷이 너무너무 잘 어울리니까 할인된 가격에 팔겠다고 큰소리치더라고. 그래도 가격이
너무 턱없이 비싸서 안 사기로 했지. 나중에 다른 상점에서 아주 비슷한 원피스를 발견했는데,
어땠는지 알아? 그게 훨씬 더 싸더라!

A Then the first person was trying to cheat you!
그럼, 그 첫 번째 사람이 너한테 사기 치려고 한 거네!

C Maybe. 그랬나 봐.

B Good for you, smart girl. This is my treat since I received
the gift.
잘했다, 똑똑한 친구야. 선물 받았으니 이건 내가 낼게.

A I received one, too, so let's split the bill! 나도 받았으니까, 똑같이 나눠
내자!

MP3 **015**

☑ CHECK

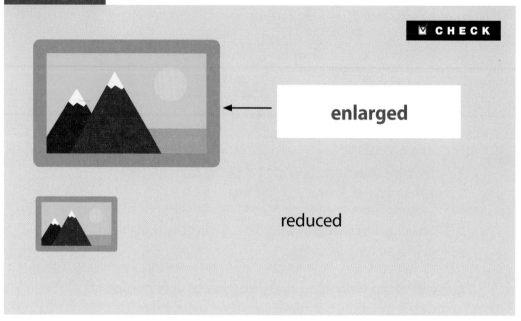

enlarged

reduced

(크기·수·양·정도가) 작은
small
(일반적인 의미)

(크기·양·정도가) 작은
little
(주관적으로 그 대상이 작게 느껴진다는 뉘앙스)

(보통 크기보다 훨씬 작은)
소형의, 왜소한
dwarfish

소형의, 간편한
compact

아주 작은
tiny, minute

큰 big	치수·넓이가 큰, 큰 사이즈의 large	(보통보다) 매우 큰 giant
		거대한, 몹시 큰 huge, (<) enormous, (<) gigantic

엄청나게 큰 massive	광대한, (범위·크기·양 등이) 어마어마한 vast	(수·양·스케일·정도 등이) 막대한 immense

실물 크기의 life-size(d)	평균[보통] 크기의 mid-size(d)	평균보다 큰, 특대의, 너무 큰 oversize(d)

확대된 enlarged	축소된 reduced	축소된 크기로, 소형으로 in miniature

~의 크기[치수]를 재다
measure , take the measurement of ··

한 치수 더 큰/작은 ~
·· in one size
larger/smaller

1 The boy was frightened when he encountered an enormous dog in the park, even though the dog was kept on a leash by its owner.

소년은 공원에서 엄청나게 큰 개를 마주치고는 겁에 질렸다. 개 주인이 목줄을 채우고 있었는데도 말이다.

2 The enthusiastic fan club of the famous idol singer decided to create a life-size wax figure of him to celebrate his 20th birthday.

그 유명 아이돌 가수의 열성 팬 클럽은 그의 20세 생일을 축하하기 위해 가수의 실물 크기 밀랍 인형을 만들기로 했다.

3 Mom, I love this photo we took at Granddaddy's 85th birthday. Do you have an enlarged version, too? I want to hang it on my wall.

엄마, 할아버지 85세 생신 때 찍은 이 사진, 정말 마음에 들어요. 확대한 버전도 있어요? 나 그거 내 방 벽에 걸고 싶어요.

4 I bought a Lamborghini! Oh, don't be shocked, I mean the one in miniature, for my nephew who loves cars.

나 람보르기니 한 대 샀어! 아, 충격받지 마. 미니어처 차 말이야. 차 엄청나게 좋아하는 우리 조카 주려고.

5 Hello, this skirt you gave me is a bit too tight. Can I try it in one size larger?

저기요, 주신 치마가 너무 꽉 끼어요. 한 사이즈 더 큰 걸로 입어 볼 수 있을까요?

천 cloth

천연 직물 **natural fabric**	인조 직물 **artificial fabric**
면직물 **cotton**	합성 섬유 **synthetic fiber**
모시 **ramie**	아크릴 섬유 **acrylic fiber**
삼베 **hemp**	레이온, 인조견 **rayon**
리넨 **linen**	나일론 **nylon**
데님 **denim**	폴리에스터 **polyester**
모직 **wool**	시폰 **chiffon** (실크나 나일론으로 만든 속이 비치는 얇은 직물)
비단 **silk**	
벨벳 **velvet**	스판덱스 **spandex** (신축성이 좋은 인조 섬유)

올이 성긴
coarse

촘촘하게 짠
finely woven

매끈한
smooth

비단처럼 매끄러운
silky

거칠거칠한
rough

(실·모포 따위의) 올의 마디가 있는
burled

부드러운
soft

신축성 있는
stretchy, stretchable, elastic

내구성이 있는
durable

광택이[윤기가] 있는
lustrous

속이 다 비칠 정도로 얇은
sheer

통기성이 있는
breathable

방수가 되는
waterproof

관리하기 쉬운
easy to care for

가벼운, 경량의
lightweight

수분을 흡수하는
moisture-wicking

고운, 섬세한
delicate

낡아서 해진
worn

빛이 바랜
faded

닳아서 반들반들한
shiny

60수 면
60s cottons

TIP   **'천, 직물'을 나타내는 표현들**

cloth는 의류나 천 제품을 만드는 '옷감, 천'을 뜻하는 일반적인 단어이다.
fabric은 섬유로 만든 '직물, 편물, 천' 등을 가리키며 cloth보다 다소 딱딱한 느낌이다.
textile은 모든 종류의 fabric과 옷감을 포함하는 더 넓은 개념의 단어이다. 복수형으로 쓰면 '섬유 산업'의 뜻이다.
fiber는 옷감을 만드는 기본 단위인 '섬유'를 뜻한다.
material은 원래 금속, 플라스틱, 목재 등 어떤 것을 만드는 '재료'를 뜻하며, '직물, 천'이라는 뜻으로 쓰일 때도 있다.

금속 metals

중/경금속 heavy/light metal

구리 copper

납 lead

놋쇠, 황동 brass

니켈 nickel

주석 tin

청동 bronze

철, 쇠 iron

강철 steel

백금 platinum

알루미늄 aluminum

티타늄 titanium

스테인리스강 stainless steel

양은 German[nickel] silver
(아연·구리·니켈의 합금)

파이프 클리너 pipe cleaner
(섬유로 감싼 철사로 원래 담배 파이프 청소용이나
아이들 미술 공작용으로도 많이 쓰임)

합금 alloy

형상 기억 합금 shape memory alloy
(일정한 온도에서의 형태를 기억해, 변형되어도
열을 가해 그 온도가 되면 원래 형상으로
되돌아가는 합금)

잘 구부러지는/
잘 구부러지지 않는 철사
flexible/rigid wires

반짝이는 금
glittering gold

반들반들 윤이 나는
shiny

(잘 닦아서) 광이 나는
polished, gleaming

불투명한
opaque

강한, 튼튼한
strong

인성(靭性)이 좋은, 깨지지 않고
다른 모양으로 주조될 수 있는
malleable

연성(延性)이 좋은,
끊어지지 않고 늘어나는
ductile

인성(靭性)
malleability

연성(延性)
ductility

경도(硬度) hardness	금속성의 metallic	(칼날 등이) 무딘 dull, blunt

날카로운, 예리한, 잘 드는 sharp, keen	녹슨 rusted	~으로 주조한 동상 a statue cast in ~

자성의, 자석 같은
magnetic

비자성(非磁性)의
nonmagnetic

전기를 전도하다
conduct electricity

열과 전기를 잘 전도하는 전도체
good conductors of heat and electricity

높은 전기/열 전도성
high electrical/thermal conductivity

TIP **metal fatigue 금속 피로**

오랜 시간에 걸쳐 여러 하중과 압력을 받다 안 받다 하는 상황을 거듭하다 보면 금속은 점차 약해진다. 이것을 '금속 피로'라고 하는데, 이 금속 피로가 계속 쌓이면 작은 금이 생겨 갈라질 수도 있다. 1950년대 초에는 금속 피로 때문에 비행기가 공중에서 폭발하는 사고가 일어나기도 했다. 이를 해결하기 위해 금속 부품의 디자인을 개선해 압력 집중을 감소하고, 고강도 합금을 사용하며, 실금을 방지하는 코팅을 사용하는 등 다각도의 노력을 기울인다.

1 In the summer, I prefer to wear lightweight and breathable clothes made of natural fabrics such as ramie, hemp, and linen.

나는 여름에는 모시, 삼베, 리넨 같은 천연 직물로 만든 가볍고 통기성 있는 옷을 입는 게 더 좋다.

2 Coarse hemp and finely woven linen are both excellent materials for summer clothing.

굵은 삼베와 곱게 짠 리넨 모두 여름 옷에 아주 좋은 천이다.

3 This windbreaker is stretchy, durable, and waterproof — making it perfect for outdoor activities.

이 바람막이는 신축성과 내구성이 있고 방수도 돼서 야외 활동에 더할 나위 없이 좋다.

4 Lead poisoning, which can be fatal for younger children and dangerous for adults, occurs when lead accumulates in the body over months or years.

어린 아동에게 치명적이고 어른에게도 위험할 수 있는 납중독은 납이 체내에 수개월 혹은 수년간 축적되면 발생한다.

5 Nickel, a silvery-white metal, also lends its name to the five-cent coin.

은백색 금속인 니켈은 5센트짜리 동전의 이름이기도 하다.

6 This pot has high thermal conductivity, so you will notice that all the foods cooked in it heat evenly and rapidly.

이 냄비는 열 전도성이 높아서 여기 담아 요리하면 음식이 고르게 빨리 뜨거워지는 걸 알게 되실 거예요.

MP3 **017**

가죽류 hides and skins

가죽
skin
(인간과 동물의 몸 겉면을 감싸는 외피 조직)

pelt
(모피나 양털 등 털이 달린 상태인 생가죽)

hide
(동물 가죽의 큰 조각. 털 등 불필요한 부분을 제거하는 과정을 거친, 주로 소나 다른 포유동물의 가죽을 가리킴)

leather(hide를 무두질한 것)

소가죽 cowhide

양가죽 sheepskin

돈피(담비류 동물의 모피)
marten(담비), **sable**(흑담비)

퍼, 털, 모피 fur

천연/인조 가죽
natural/artificial[man-made] leather

가공 처리한/가공 처리하지 않은 동물 가죽
processed/unprocessed animal skin

무두질
tanning
(가죽에서 털과 기름을 뽑고 부드럽게 만드는 것)

크롬 가죽
chrome-tanned leather
(화학 약품인 크롬으로 무두질한 가죽)

베지터블 가죽
vegetable-tanned leather, vegetan
(식물성 성분으로 무두질한 가죽)

탑그레인[외피, 면피] 가죽
top-grain leather
(hide의 바깥층인 grain을 포함하는 가죽으로, 강하고 내구성이 높음)

풀그레인 가죽
full-grain leather
(탑그레인 가죽에 속하며, grain층의 표면을 제거하지 않고 모두 포함하는 최고급 품질의 가죽)

코렉티드 가죽
corrected grain leather
(탑그레인 가죽에 속하며, 표면을 갈아내는 등
고르게 다듬어 상처와 흠을 없앤 후 일률적인 무늬를
찍어 염색하는 보정 과정을 거친 가죽)

누버크
nubuck
(탑그레인 가죽에 속하며, 다듬어 표면을
벨벳처럼 부드럽게 무두질한 가죽)

스플릿[내피] 가죽
split leather
(탑그레인 가죽을 떼어내고 남은
진피(corium)층 가죽)

스웨이드, 세무
suede
(스플릿 가죽에 해당하며,
안쪽에 보풀이 있는 부드럽게
무두질한 새끼 양·송아지 등의 가죽)

에나멜 가죽
patent leather
(스플릿 가죽에 해당하며, 광택이 있는
코팅을 입힌 가죽)

강한, 튼튼한
strong

유연한
flexible

내구성이 있는
durable

부드러운
soft

벨벳처럼 부드러운
velvety

매끄러운
smooth

모피로 덮인
furry

거친
rough

목재 wood

경목, 경목재 **hardwood**
(활엽수에서 얻은 단단한 목재)

오크 **oak**(떡갈나무·참나무 따위)

물푸레나무 **ash**

너도밤나무 **beech**

흑단나무 **ebony**

마호가니나무 **mahogany**

벚나무, 체리목 **cherry**

자작나무 **birch**

월넛, 호두나무 **walnut**

메이플, 단풍나무 **maple**

멀바우 **merbau**
(말레이시아와 인도네시아가 원산지인 열대 경목재)

티크 **teak**
(동남아시아에서 자라며 가구와 배의 건조에 쓰임)

침엽수재, 연목재 **soft wood**
(침엽수에서 얻은 무르고 자르기 쉬운 목재)

소나무 **pine**

가문비나무 **spruce**

사이프러스 **cypress**
(편백나무과의 상록 침엽수)

원목 solid wood
널빤지, 죽데기 **slab**

길고 넓적한 판자
plank

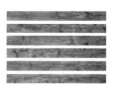

쪽매붙임 판자 butcher block
(작은 나무 조각을 이어 붙여 판재로 만든 것으로
주로 체크무늬를 띠며, 도마나 테이블 상판으로 쓰임)

조각 나무 세공 parquetry
(작은 나무 조각을 이어 붙여 헤링본 무늬나
바구니 무늬 등 복잡하고 기하학적인 패턴을 만드는 것)

합판
plywood(얇은 나무판을 여러 겹 붙여 만든 합판),
chipboard, particleboard
(아주 작은 나뭇조각들을 붙여 만든 합판)

중밀도 섬유판
MDF (medium density fibreboard)
(목재에서 추출한 섬유질에 접착제를 넣고
층을 쌓아 눌러 만든 판)

거칠거칠한 rough	**(도끼로) 베어만 놓(고 손질은 하지 않)아** **표면이 거친** rough-hewn	**매끈한** smooth, polished, well-planed (대패질이 잘 되어 표면이 고르고 매끈한), well-sanded (사포질이 잘 되어 표면이 고르고 매끈한)

(목재의) 결이 고운, (석재가) 고운 입자들로 이루어진 fine-grained	**마디가 있는** knotty	**옹이가 있는** burled

(어려운 성장 환경으로 인해) 뒤틀어지고 비틀린 gnarled	**나무 향기** scent of wood	**단단한** hard

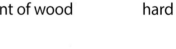

톱; 톱질하다, 톱으로 나무를 켜다 saw	**전기톱** electric saw	**톱밥** sawdust

제재소 sawmill	**대패질하다** plane	**사포질하다** sand(paper)

1 She chose shiny red high heels, made of patent leather, for the party.

그녀는 그 파티에 신고 갈 에나멜 가죽으로 만든 반짝이는 빨간색 하이힐을 골랐다.

2 A Good afternoon. May I help you find something?

안녕하세요. 찾으시는 것 도와드릴까요?

B Do you have any tables made of walnut?

호두나무로 만든 식탁도 있나요?

A Certainly! That one is made of walnut.

그럼요! 저것이 호두나무로 만들어진 거예요.

B Are they made of solid wood?

원목으로 만들어진 건가요?

A Yes, they are constructed using planks or smaller pieces of solid wood. That means that the tabletops consist of long, wide planks or small strips of solid wood. These are plank top tables, and this one is called a butcher block table, and this one is parquetry top table which has a herringbone pattern created with small pieces of solid wood.

네, 원목 판자나 더 작은 원목 조각들로 만든 거예요. 즉 테이블 상판을 길고 넓적한 원목 판자나 작은 원목 조각들로 만들었지요. 이것들이 판자목 테이블인데, 이건 쪽매붙임 테이블이라 하고, 이건 작은 원목 조각들로 헤링본 무늬를 낸 조각 나무 세공 테이블입니다.

B Do you have tables made of a single slab of solid wood, rather than plank tops or butcher blocks?

판자목이나 쪽매붙임보다는 한 장의 통원목 판으로 만든 식탁도 있나요?

A Certainly. Those tables are located on the second floor. Would you like to follow me?

물론 있지요. 그 식탁들은 2층에 있습니다. 저를 따라 오시겠어요?

UNIT 9 재료 3 – 흙, 석재, 유리

MP3 018

흙, 모래 soil and sand

진흙 **mud**

갯벌 **mudflat**

점토, 찰흙 **clay**

황토 **yellow ocher clay, red clay**

왕모래, 아주 작은 돌 **grit**

벽돌 **brick**

타일, 기와 **tile**

점토질의
clayey

흙의, 흙 같은, 토양성의
earthy

진창인, 진흙투성이인
muddy

작은 구멍이 있는[많은],
(물·공기 등이) 스며드는, 흡수성의
porous

식물에 영양분을 공급하다
supply plants with nutrients

모래가 든, 껄끄러운
gritty

모래의, 모래로 된
sandy

알갱이가 많은, 알갱이 모양의
grainy

미사(微砂: 가늘고 고운 모래)의,
미사투성이의
silty

가루의, 가루 같은
powdery

질그릇(의), 도자기(의)
ceramic(진흙을 고온에서 구워
만듦. 주로 내장용으로 사용.)

자기(磁器)
porcelain
(진흙을 구워 만드는 것은 ceramic과 같으나,
porcelain은 좀 더 정련된 진흙으로 만들어 ceramic보다 더 높은 온도에서
굽기 때문에 밀도·내구성·내수성이 높아 내장용, 외장용으로 두루 쓰임)

물이/습기가 스며들지 않는
impervious to
water/moisture

내수성이 있는,
물이 잘 스며들지 않는
water-resistant

내구력이 있는
durable

TIP **soil, dirt & earth**

soil은 '흙'을 뜻하는 일반적인 단어로, 각종 유기물질과 미네랄 등으로 이루어진 지구의 표면층을 의미한다.

dirt는 지표면을 덮는 건조하고 끈기 없는 물질, 즉 '먼지'를 가리키는데 나뭇잎이나 식물의 잔해, 흙 등과 섞여 있는 경우가 많다.

earth는 기본적으로 지구를 의미하며, 넓은 개념으로서 '대지, 육지, 땅'을 뜻하기도 한다. 즉 '흙, 먼지, 유기물질, 바위' 등을 모두 포함한 개념이다.

석재 stone

퇴적암 sedimentary rocks
셰일, 이판암 shale · 이암 mudstone
사암 sandstone · 역암 pudding stone
석회암 limestone

화성암 igneous rocks
• 심성암 plutonic rocks
화강암 granite · 반려암 gabbro
섬록암 diorite
• 화산암 volcanic rocks
현무암 basalt · 유문암 rhyolite
안산암 andesite · 규암 quartzite

변성암 metamorphic rocks
편마암 gneiss · 점판암 slate
대리석 marble · 편암 schist

암석, 바위
rock

돌
stone (rock에서 떨어져 나온 것),
gravel (자갈. 바위가 으깨져서 생긴 것이라 모양이 제각각이며 표면이 거친 편),
pebble (조약돌. 주로 강이나 바닷가에서 물에 깎여 작고 표면이 반들반들함)

석회화(石灰華)
travertine
(온천 부근에 침전된 석회질)

줄무늬가 있는 마노, 오닉스
onyx

비취, 옥
jade

수정
rock crystal

시멘트
cement
(태워서 수분을 증발시킨 석회와 진흙으로 만든
가루. 물과 섞으면 모르타르(mortar)가 되고,
모래·자갈·물과 섞으면 콘크리트가 된다.)

콘크리트
concrete

무거운 heavy
단단한 hard

(표면·조직이)
까칠까칠한, 오톨도톨한
granular

표면이 매끈매끈한 smooth
표면이 거친, 요철이 있는 rough

표면이 크고 거친 입자들로
이루어진
coarse

(석재가) 고운 입재[결정]들로
이루어진, (목재의) 결이 고운
fine-grained

COARSE

MEDIUM

FINE

(잘 갈거나 닦아서) 표면이 매끄럽고
윤이 나는
polished

광택이 없고 칙칙한 dull
광택이 없는, 무광의,
윤이 나지 않는 matt

반짝이는, 윤이 나는
shiny

납작한 flat
대충 깎은[자른], 표면이 거친
rough-hewn

(돌·목재 등의 두껍고 평평한)
평판, 석판
slab

불규칙한 선 무늬
a pattern of irregular
lines

유리 glass

유리 공예 glass art
공예 유리 (제품) art glass

스테인드글라스,
구워서 착색한 유리
stained glass

유리 제품, 유리 식기류
glassware

젖빛 유리, 밀크 글라스
milk glass
(불투명한 흰 빛깔의 유리로 주로 장식
품 등을 만드는 데 쓰임)

내열 유리
heat-resistant glass

열 충격에 강한
**resistant to thermal
shock**

안전유리
safety glass
(충격을 받았을 때 큰 조각으로 깨지지 않고
날카롭지 않은 아주 작은 조각으로 깨어져
상대적으로 덜 위험함)

강화 유리
tempered glass

합판(合板) 유리
laminated glass
(두 장 이상의 유리판 사이에
투명한 유기질 막을 넣고 맞붙인 안전유리.
자동차 앞 유리 등에 사용.)

투명한
transparent

불투명한
opaque

반투명한
translucent

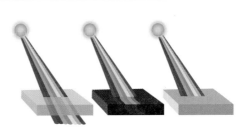

물을 통과시키지 않는
impervious to water

빛을 반사하는
reflective

빛나는
polished(표면이 잘 닦이고 매끄럽고 윤이 나는), glowing,
gleaming(햇빛을 반사하며 빛나는), lustrous

깨지기 쉬운
brittle

깨지는, 깰 수 있는
breakable

산산조각이 나다
shatter

타격을 받으면 파손되다
be fractured by a blow

새들에게 안전한 유리
bird-safe[bird-friendly] glass
(새들이 유리에 비친 구름이나 자연물 등을 실제 자연으로 착각하여
유리로 뛰어들어 충돌하는 것을 막기 위해 UV 코팅을 하거나
스티커 등을 이용해 무늬를 넣거나 일정 간격 떨어진 위치에
그물망을 설치하거나 천적인 매의 모형을 매다는 등의 조치를 한 유리)

유리 건물로 날아들다 fly into glass buildings
유리와 충돌하다 collide with glass

1 We can classify rocks into three major types: sedimentary rocks, igneous rocks and metamorphic rocks. Sedimentary rocks are formed from sediment deposited by water or wind. Igneous rocks form when molten rock, magma or lava, cools down. Metamorphic rocks are formed when pre-existing rocks are transformed by heat, pressure, or other natural factors.

암석은 퇴적암, 화성암과 변성암같이 세 가지 주요 종류로 분류할 수 있다. 퇴적암은 물이나 바람에 의해 쌓인 퇴적물로 만들어진다. 화성암은 마그마 또는 라바라고 하는 용융 암석이 식어서 생성된다. 변성암은 이미 존재하던 암석이 열, 압력 또는 다른 자연 요소에 의해 변형되어 생긴다.

2 Many slabs of polished, shiny gray marble with a pattern of irregular greenish lines were used for the interior walls of the house.

녹색을 띤 불규칙한 선 무늬가 있는, 매끈하게 반짝반짝 광이 나는 회색 대리석 판 여러 장이 그 집 내부 벽에 쓰였다.

3 Heat-resistant glass is more resistant to thermal shock than ordinary glass and has a wide range of uses, such as for kitchenware, heaters, and even for beakers in laboratories.

내열 유리는 일반 유리보다 열 충격에 더 강해서 주방용품, 히터, 그리고 심지어 실험실의 비커에 이르기까지 폭넓게 쓰인다.

MP3 019

종이 paper

복사 용지 copy paper

색종이 colored paper

도화지 construction paper

(한 장씩 떼어 쓰는) 메모지 notepad

포장지 wrapping[packaging] paper

판지, 마분지 cardboard

(마분지로 만든) 상자, 두꺼운 종이 carton

달걀 상자 egg carton, egg box(영국)

명함·엽서 용지 card stock (paper)

화장지 toilet paper[tissue]

화장지 속심
toilet paper (cardboard) tube

벽지 wallpaper

여과지, 거름종이 filter paper

키친타월 paper towel, kitchen paper[roll](영국)

유산지, 종이 호일 parchment paper

파라핀지 wax(ed) paper
(샌드위치 등 음식 포장용)

은박지 kitchen[aluminum] foil, tinfoil

제지
papermaking

펄프
pulp
(나무 등 식물체의 섬유를 추출한 종이의 원료)

수제 종이
handmade paper

신문 인쇄용지
newsprint

모눈종이
graph paper

박엽지(薄葉紙)
tissue paper
(귀중품을 싸거나 삽화 위에 붙이는 용도)

인도지
India paper
(성서·사전 등에 주로 쓰는 얇으면서도 질긴 고급 인쇄 용지)

책의 면지
book endpapers
(하드커버의 표지 안쪽에 붙어 있는 종이와 그다음 페이지를 가리킴.
표지와 내지를 연결해 주는 용도.)

재생지
recycled paper

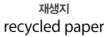

폐지
recovered paper,
waste and scraps of paper

얇은
thin

두꺼운
thick

(종이·천 등이) 빳빳한
crisp

(종이가) 표면에 광택이 없는/있는
matt/glossy

잘 찢어지지 않는
tear-resistant

재사용할 수 있는 reusable	바스락거리다 rustle	바스락거리는 소리 rustling sound

구겨진 종이 crumpled[creased, wrinkled] paper	구겨진 종이컵 crushed paper cup	종이 한 장 a piece[sheet] of paper

종이 한 조각
a scrap of paper(아무렇게나 잘린 작은 조각),
a strip of paper(띠처럼 길쭉하게 자른 조각)

종이를 조각나게 찢다
tear paper into
scraps[pieces]

(종이가) 흡수력이 매우 좋다
have very good
absorption

(종이가) 표면이 매끈하고 깨끗하다
have a smooth and
clean surface

고무 rubber

천연고무
natural rubber

obtained from latex of various tropical plants

다양한 열대 식물의 유액(라텍스)에서 얻음

합성[인조]고무
synthetic rubber

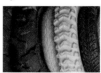

made from petroleum by-products

석유 부산물로 만들어짐

천연고무
natural rubber

합성[인조]고무
synthetic rubber

(고무나무 등의) 유액, (유액을 굳혀 만든) 라텍스
latex

가황고무
vulcanized rubber
(생고무에 유황을 넣고 탄력성을 강화한 고무)

경화고무
hard rubber, ebonite
(생고무에 황을 더해 만든 신축성이 적고 단단한 고무로
주로 전기 절연체에 사용)

고무줄
rubber band, elastic band

고무장갑
rubber gloves

라텍스 장갑
latex gloves

방수가 되는
water-proof

유연한, 구부리기 쉬운
flexible

우수한 인장(引張) 강도, 고장력
high tensile strength
(잡아 늘여서 절단할 때의 극한의 강도)

인열 저항(引裂抵抗), 인열 강도
tear resistance
(칼자국을 내어 당길 때 찢어짐에 대해
저항하는 강도)

큰 연신율
a large stretch ratio(끊어지지 않고 늘어나는 비율)

높은 탄성[복원력]
high resilience

탄성이 있는
elastic

탄(력)성
elastic property, elasticity

마모에 강한
abrasion resistant

초탄성의
hyperelastic

나쁜 냄새를 풍기다
produce malodor

플라스틱보다 더 친환경적인
more eco-friendly than plastics

진동을 완충하는
vibration dampening

오존 균열(오존 작용으로 고무의 결합 부분에 생기는 균열)에 민감한
sensitive to ozone cracking

지방, 기름, 유지에 대한 내성이 약함
poor resistance to fats, oils, and greases

열에 그리 강하지 못하다
not have very strong heat resistance

산소, 복사, 높은 습도와 고온에 의해 품질이 저하되다
be deteriorated by oxygen, radiation, high humidity
and high temperature

심각한 라텍스 알레르기
serious latex allergy

아나필락시스쇼크를 일으키다
cause anaphylactic shock

❶ He started to take an interest in fashion when, at the age of eight, he laid eyes on a colorful fashion magazine with crisp, glossy pages for the first time. He was fascinated by the stunning clothes and shoes on every page and fell in love with the rustling sound and the smooth feeling of flipping through the magazine's pages.

그는 여덟 살 나이에 빳빳하고 광택이 있는 종이로 된 화려한 패션 잡지를 처음 보았을 때부터 패션에 흥미를 갖기 시작했다. 그는 페이지마다 나오는 깜짝 놀랄 만큼 멋진 옷과 신발들에 넋을 잃었고, 잡지 페이지를 넘길 때 들리는 바스락거리는 소리와 매끄러운 감촉을 사랑하게 되어 버렸다.

❷ **A** Mom, this rubber band seems a bit unusual. It isn't very elastic, looks dry and has many cracks on it. I think it will snap soon.

엄마, 이 고무줄이 좀 이상해 보여요. 탄성도 별로 없고 마른 것 같아요. 금도 많이 가 있고요. 곧 끊어지겠어요.

B That's actually one of the properties of rubber. Natural rubber can become like that when it's left unused for a long time, as oxygen weakens the rubber. Rubber can be deteriorated by oxygen, radiation, high humidity, and high temperature.

고무의 특성 중 하나야. 천연고무는 사용하지 않고 오래 방치해 두면 그렇게 될 수 있단다. 산소가 고무를 약하게 만들거든. 고무는 산소, 복사, 높은 습도와 고온에 의해서 품질이 떨어지게 돼.

A Oh, you know everything really well!

와, 엄마는 모든 걸 정말 잘 아시네요!

CHAPTER

3

성격 묘사

PERSONALITY

☑ CHECK

She looks
(confident / timid).

인상이 ~해(게 보이)다, ~라는 인상을 주다 come across as ~, seem to be ~	좋은 인상을 주다 impress, make a good impression 나쁜 인상을 주다 leave[make] a bad impression	웃는 상이다 always smile 우는 상이다 always make a long face

사나워[심술궂어] 보이는 mean-looking	~해 보이다 look + ~(형용사)	(건강이) 본연의 모습으로 보이지 않다, 평소보다 안 좋아 보이다 not look[seem] oneself

(외모적으로) 똑 닮다 look alike	자신감 있는 confident	정중한 ∣ 무례한 polite ∣ impolite, rude

예의 바른
well-mannered

상냥한, 싹싹한
friendly, affable,
pleasant, sweet

거만한
arrogant

겸손한
modest,
humble

자만심이 강한
conceited, boastful, cocky

대단히 적극적인, 호전적인
aggressive

성질이 못된 surly
뚱한 sullen
(태도가) 온순한, 온화한
mild-mannered

교활한 sly
위선적인 double-faced

매력적인
attractive,
charming

카리스마 있는
charismatic(타인을 휘어잡는 매력이 있고 타인에게 영감을 주는 성격의),
talismanic(카리스마뿐 아니라 행운을 주고 액운을 막아 주는 느낌까지 있는),
magnetic(자석처럼 사람을 강하게 끄는 매력이 있는)

(불쾌한 일을)
선선히/마지못해 (~하다)
~(동사) with
(a) good/bad grace

존재감이 큰
larger-than-life

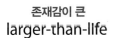

존재감이 없는
unremarkable,
unnoticeable

존재감이 크다
command presence,
have a strong and
confident presence

1

A Hey, I heard a new manager joined your team. What's your impression of her?

이봐, 자기네 팀에 새 매니저 왔다며? 자기는 그분 인상이 어때?

B Well, she looks very confident and charismatic, and quite beautiful. It seems like everyone on our team is happy with her.

음, 아주 자신감 있고 카리스마도 있어 보여. 게다가, 꽤 미인이야. 우리 팀 사람들 모두 좋아하는 것 같아.

A What about you? You don't seem to be thrilled.

자기는 어때? 그렇게 신나 보이지 않은데.

B I'm not unhappy, but I think it's too early to form an opinion about someone on the very first day. I just hope she isn't overly aggressive or arrogant.

난 안 좋은 게 아니고, 비로 첫날에 어떤 사람에 대해 의견을 내긴 너무 이르다 싶을 뿐이야. 그냥 그분이 너무 과하게 호전적이거나 거만하지 않으면 좋겠어.

2

A I will visit my girlfriend's parents for the first time tomorrow. Any tips to make a good impression on them?

나 내일 처음으로 여자 친구네 부모님 뵈러 갈 거야. 그분들께 좋은 인상을 남길 수 있는 팁 좀 있어?

B Be polite and friendly. And try to smile often, since you can come across as a bit surly when you're quiet.

예의 바르고 친절하게 행동해. 그리고 자주 웃어. 넌 말 안 하고 조용히 있으면 좀 뚱하고 못된 인상을 줄 수가 있거든.

3

A What's up, Pete? You don't look yourself this morning.

무슨 일 있어, 피트? 오늘 아침엔 평소의 너답지 않은데.

B Oh, well, I had trouble sleeping last night, so I feel very tired now.

아, 그러게. 어젯밤에 잠을 잘 못 잤더니 지금 되게 피곤하네.

MP3 021

☑ **CHECK**

He is a (**sleepyhead / night owl**).

말이 별로 없는, 조용한 quiet	수다스러운, 말이 많은 talkative, chatty 입이 싸다 have a big mouth

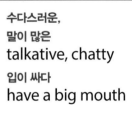

달변가
smooth talker
(상황에 딱 맞는 말을 잘하는 사람)

남의 말을 잘 듣는/안 듣는 사람
good/bad listener

관찰력이 날카로운, 주의 깊은
observant

사람들과 있으면 수줍어하는
shy around people

사람들과 있으면 기가 빨리다
feel drained after
being around people

아재 개그를 하다
make dad jokes

(성향·취향 등이)
~와는 정반대이다
be the exact opposite of ~

(너무) 순진무구한
naive

진지한
serious

경박한, 경망스러운, 까불거리는
flippant

저속한, 천박한
vulgar

활동적인, 민첩한
active

텐션이 높은
energetic(원기 왕성하고 매우 활동적인),
fun to be around(같이 있으면 즐거운)

(사람들과 어울리기보다)
집에 있기 좋아하는 사람
homebody

야외 활동을 즐기는 사람
outdoor person

뭐든 다 아는 체하는
[똑똑한 체하는] 사람
know-it-all

팔방미인, 만물박사
man[woman] of many parts(다재다능한 사람),
polymath(여러 분야에 전문 지식·기술을 가진 박식한 사람),
jack-of-all-trades
(여러 가지 일을 두루 할 수 있지만 어느 한 가지에도 전문적이지 않다는 의미여서
상황에 따라 다소 부정적인 뉘앙스를 줄 수 있음)

과시적인 사람, 자랑꾼
show-off

분위기 메이커
the life of the party

파티광
party animal

찬물을 끼얹는 사람, (모임·좌중의) 흥을 깨는 사람
wet blanket(불을 끌 때 젖은 담요를 쓰는 데서 유래), party pooper

(집안·조직의) 다른 이들과 너무 다른 사람, 말썽꾸러기
black sheep

이해가 빨라 빨리 배우는 사람
fast learner

(일을) 열심히 하는 사람, 성실한 사람
hard worker

야행성인 사람
night owl

잠꾸러기
sleepyhead

(아기의) 애착 이불[담요], 안정감을 주는 것
security blanket, Linus blanket

(스누피 만화 속의 라이너스가 늘 가지고 다니는 담요에서 유래. 담요뿐 아니라 위안과 안정감의 원천이라서 애착을 느끼는 물건, 신념 등도 의미.)

옷의 유행에 필요 이상으로 관심이 많은 사람
clothes horse

1 My husband is a true homebody. He could spend months without stepping outside of our home. He does almost everything around the house: working, exercising, shopping, cooking, and enjoys his hobbies, like drawing pictures and watching movies and various shows. He says he often feels drained after being around people, so he prefers to spend time alone with me. Additionally, he is a jack-of-all-trades, and promptly fixes any household problems. He's good at gardening and visitors to our house are always amazed by our beautiful garden. I am truly grateful for and love him.

남편은 진정한 '집돌이'다. 우리 집 밖으로 한 발자국 안 나가고도 몇 달은 보낼 수 있을 것이다. 그는 집에서 일, 운동, 쇼핑, 요리를 하고, 그림 그리기와 영화 감상, 여러 가지 프로그램 시청 같은 취미도 즐긴다. 남편은 사람들과 있으면 기가 빠지는 느낌이 들기 일쑤여서 나와 단둘이 시간을 보내는 걸 선호한다. 거기에 더해 팔방미인이라서 집 안에 문제가 있으면 즉시 고친다. 정원 일도 잘해서 우리 집에 오는 사람들은 우리 집의 아름다운 정원을 보고 늘 탄복한다. 나는 남편에게 정말 고맙고, 그를 진심으로 사랑한다.

2 My mom claims I'm a sleepyhead, but that's not entirely accurate. I'm actually a night owl who works most effectively during the night. So I tend to sleep late in the morning, which is why I might look like a sleepyhead, though that's not the case.

엄마는 내가 잠꾸러기라고 우기시지만 그게 아주 정확한 표현은 아니다. 나는 사실 밤에 일을 가장 효과적으로 하는 야행성 인간이기 때문에 아침 늦게까지 자는 경향이 있는 것이다. 그래서 내가 잠꾸러기로 보일 수도 있지만 실상은 그렇지 않다.

'인싸'인/'아싸'인
sociable, hip/
unsociable, not hip

허풍떠는, 뽐내는
boastful

낭비하는,
사치스러운, 돈을 헤프게 쓰는
extravagant

우두머리 행세를 하는,
다른 사람을 쥐고 흔드는
bossy

우두머리 행세를 하다,
다른 사람을 쥐고 흔들다
boss around

(직원 등이 하는 일의) 아주 소소한
것까지 일일이 챙기는 상사[윗사람]
micromanager

* micromanage는 동사형

사정을 훤히 꿰다,
눈치 빠르고 민첩하다
be on the ball

눈치가 빠르다,
사람의 마음을 잘 읽다
be good at reading
people

~ 하면 그 사람이다, ~을 잘하다
~ be (practically) one's
middle name,
one's middle name is ~

~을 보는 눈이 있다,
~에 안목이 있다
have an eye for ~

~을 듣는 귀가 있다,
감상력이 있다
have an ear for ~

~에 식견이 있다, 조예가 깊다
be knowledgeable about ~,
be at home in ~,
know a lot about ~

~ 애호가
lover of ~,
~ lover[fan]

열광적인 ~ 팬[지지자]
~ enthusiast,
enthusiast of[for] ~

(문학·예술 등을) 취미로 즐기는
사람, 아마추어 예술가
dilettante(야유조의 뉘앙스)

~의 귀재, 명수
whizz

~의 취향이다/취향이 아니다
be/be not one's
thing[cup of tea]

~을 좋아하다,
~에 관심이 많다
be into ~

애창곡
one's go-to song

줄담배 피우는 사람, 골초
chain smoker

술을 적당히 마시는 사람
moderate drinker

술고래
heavy[strong] drinker

술을 너무 많이 마시다
drink like a fish

술주정
drunken
antics[behavior]

술버릇이 나쁘다
be a mean drunk,
lose control of one's
emotions when drunk

(~을) 단번에 끊다
quit cold turkey

잘[많이] 아는, 정보통인
informed

시사 문제에 아주 밝은
well-informed about current events, news-savvy

정치에 관심이 많은 사람
political junkie[enthusiast]

애국자
patriot

진보적인
liberal

보수적인
conservative

좌파 leftist, left-winger
(좌파 견해를 지지할 뿐 아니라 좌파 정당·단체에 속해 있을 수 있음)

우파 rightist, right-winger
(우파 견해를 지지할 뿐 아니라 우파 정당·단체에 속해 있을 수 있음)

좌파 성향[좌경]의/
우파 성향[우경]의
left-leaning/
right-leaning

정치적으로 좌파/우파
쪽으로 기울다
lean towards the
left/right politically

중도주의자 centrist, moderate
민주주의자 democrat
무정부주의자 anarchist
공산주의자 communist
사회주의자 socialist

순수주의자
purist
(전통적인 방식·구조를
절대적으로 고수하려는 사람)

인도주의자, 박애주의자
humanitarian

인문주의자, 인간주의자
humanist

극단주의자, 과격파
extremist

성적 취향
sexuality

이성애자 heterosexual
양성애자 bisexual
동성애자 homosexual

이성애자이다
be straight (as an arrow)

성 소수자
LGBT
(= lesbian, gay,
bisexual,
and transgender)

❶ A Hello, Mary. It's me. I'm so sorry, but can you wait about 30 minutes more?
여보세요. 메리. 나야. 정말 미안한데 30분만 더 기다려 줄 수 있어?

B Okay, don't worry. "Waiting" is practically my middle name, you know.
그래. 걱정하지 마. '기다림' 하면 또 나잖아.

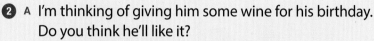

❷ A I'm thinking of giving him some wine for his birthday. Do you think he'll like it?
그 사람 생일 선물로 와인을 줄까 하는데, 그 사람이 좋아할까요?

B Well, I don't think that's his cup of tea. He's not into drinking wine.
글쎄요. 그건 그 사람 취향은 아닌 것 같아요. 와인 마시는 걸 별로 안 좋아하거든요.

A Oh, then what does he like?
아, 그럼 뭘 좋아하나요?

B He's a lover of classical music, particularly Bach and Paganini. And he's knowledgeable about world history.
그분 클래식 음악 애호가예요. 특히 바흐와 파가니니. 그리고 세계사에도 식견이 있죠.

A Well, I'll buy him a bookstore gift certificate so he can choose any history books he wants.
음. 원하는 역사책 어떤 것이든 고를 수 있게 도서 상품권을 사 줘야겠네요.

B That's a great idea. I think he'll appreciate it.
좋은 생각이에요. 고마워할 것 같아요.

❸ You should quit drinking and smoking cold turkey. As you see in your check-up results, your health is at risk.
음주와 흡연을 확 끊으셔야 합니다. 검진 결과에서 보시다시피 건강 상태가 위험해요.

❹ Chris is well-informed about current events, so talking to him will help you catch up on a lot of news. He used to lean towards the left politically, but now he considers himself more of a centrist.
크리스는 시사에 밝아서 그와 대화를 나누면 많은 뉴스를 따라잡는 데 도움이 된다. 그는 전에는 정치적으로 좌파 쪽에 기울었는데 지금은 자신이 중도주의자에 더 가깝다고 여긴다.

성격

MP3 022

☑ CHECK

(indecisive / decisive)

자기 성찰적인
introspective

외부 요소에 집중하는
extrospective

내향적인
introverted

내향적인 사람
introvert

외향적인
extroverted

외향적인 사람
extrovert

재기발랄하다
sparkle

(성격이) 매력적인
charming

다정한, 자애로운
affectionate

상냥한
friendly, affable
(친절하고 사근사근한, 붙임성 있는)

친절한 **kind**
착한 **nice**

순한 **mild**
온화한 **gentle**

침착한, 안정된
balanced, stable

배려하는, 보살피는, 돌보는
caring

인정 많은, 동정심 있는
compassionate

사려 깊은, 남을 배려하는
considerate

낙관적인, 긍정적인
optimistic, positive

느긋한, 털털한
easy-going, laid-back

자기주장이 강한,
적극적이고 확신에 찬
assertive

결단력 있는, 단호한
decisive

(반대·어려움에도 굴하지 않고)
계속 고수하는, 끈질긴, 집요한
persistent, tenacious

요지부동의, 고집이 센
adamant, stubborn,
unyielding

젠체하지 않는, 주제넘지 않은
unassuming

유연한, 융통성 있는
flexible

유머가 있는, 익살스러운
humorous

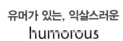

문제에 잘 대처하고 해결하는
resourceful

참을성 있는
tolerant

(특히 자신의 능력, 자질, 판단 등에 대해)
자신감 있는
self-confident

분별[지각] 있는
sensible

(남의 기분을 헤아리는 데) 세심한, 민감한
sensitive

재치 있는
witty

쾌활한, 명랑한
cheerful

떠들썩하고 활기찬, 즐거운
boisterous

용감한
brave

대담한
flamboyant
(멋지거나 활기차고
자신감 있어서 눈길을 끄는),
daring, bold

근면한, 부지런한
diligent

진중한, 진실한
sincere, genuine

진지한
serious

조심스러운, 신중한
cautious

꼼꼼한
detail-oriented

정직한
honest

(수줍어서) 속마음을 드러내지 않는,
말이 별로 없는, 내성적인
reserved

A What beautiful weather! (sighing) I feel so melancholic.
날씨 정말 좋다! (한숨을 쉬며) 나 너무 우울해.

B What do you mean?
그게 무슨 말이야?

A You know, I'm currently not seeing anyone, and it feels lonely not having someone to enjoy this fine weather with. Could you introduce me to a nice guy from your circle of friends?
내가 요즘 만나는 사람이 없잖아. 이렇게 좋은 날씨를 함께 즐길 사람이 없으니 외로워.
네 친구 중에서 좋은 사람 좀 소개해 줄 수 있어?

B Let me think. Ah, there's someone who's currently single. He's a bit introverted and gentle, enjoys cooking and reading. He may look a bit reserved when meeting someone for the first time, but it's because he's shy. In reality, he's warm and caring.
어디 보자. 아, 요즘 혼자인 사람 하나 있다. 조금 내향적이고 온화한데 요리와 독서를
즐겨 하지. 처음 누굴 만나면 좀 속을 터놓지 않는 것처럼 보일 수도 있는데,
그건 수줍어서 그래. 실제로는 따뜻하고 배려심 있어.

A Wow, he sounds like my type!
와, 내 타입인 것 같아!

B Yeah, I think you two would be a good match. You're extroverted, cheerful, easy-going and witty, so there should be great chemistry between you.
그래. 너희 두 사람 잘 어울릴 것 같다. 너는 외향적이고, 쾌활하고, 느긋한 데다 재치가 있잖아.
그러니 둘이 케미가 아주 좋겠는걸.

(말·행동이) 세련되지 못한,
서투른, 어설픈
clumsy

서툴고 어설픈 사람
klutz

직설적인
blunt

잘 변하는
changeable

변덕스러운
capricious

까다로운
difficult

요구하는 게 너무 많은
demanding

이것저것 가리는, 유별나게 구는
picky, choosey

잘 속는
gullible

쉽게 짜증을[화를] 내는, '욱'하는 성미의
hot-headed, hot-tempered, quick-tempered,
short-tempered

쉽사리 화를 내다
get angry easily, have a low boiling point

성질이 불같은
fiery-tempered

정서[정신]적으로 불안정한
unbalanced, unstable

남을 배려할 줄 모르는
inconsiderate

비정한, 잔혹한
heartless, cruel

찌질한
lame

비열한, 못된, 심술궂은
mean

기분 변화가 심한,
갑자기 우울해지는
moody

아주 예민하고 화를 잘 내는
highly strung

못된, 고약한, 심술궂은
nasty

둔감한, 우둔한
obtuse

냉소적인
cynical

비관적인, 염세적인
pessimistic

우유부단한, 결단력이 없는
**indecisive,
wishy-washy**

줏대개[결단력이] 없는
spineless

의지가 약한
weak-willed

자신감이 없는, 소심한
faint-hearted, timid

순종적인, 유순한
submissive

게으른, 나태한
lazy, idle

(기다리지 못하고) 참을성 없는,
금방 짜증 내는, 안절부절 못하는
impatient

감정적인
emotional,
sentimental(지나치게 감상적인)

충동적인
impulsive

가벼운 성격이다
have a shallow
personality

성격이 매우 닮다, 똑같다
be cast in
the same mold

부정직한
dishonest

냉혈한, 냉정한, 매정한
cold-hearted

심술·화를 잘 내는, 늘 불평하는
grumpy

* grump 불평만 하는 사람

자만심이 강한, 허영심이 많은
vain

외교적인, 수완이 좋은
diplomatic

타산적인, 계산적인
calculating

지나치게 열성적인, 열심인
overzealous

① Why am I so clumsy? Anything I touch breaks or ends up in a mess. I feel like such a klutz! Besides, I'm so indecisive that even making small decisions becomes an overwhelming task. How can I become a better person?

난 왜 이렇게 서투를까? 내가 손댔다 하면 다 부서지거나 엉망진창이 되지. 정말 얼뜨기 같아! 게다가, 너무 우유부단해서 작은 결정을 내리는 일도 엄청나게 어려운 과제가 되어 버려. 어떻게 하면 좀 더 나은 사람이 될 수 있을까?

② **A** Hey, why don't you answer your phone? It's ringing.
어이, 너 왜 전화 안 받아? 벨이 울리잖아.

B Well, I don't really feel like answering it.
그냥, 별로 안 받고 싶네.

A Huh? It's your girlfriend calling! Did you two have a lover's quarrel?
어? 네 여자 친구 전환데! 너희 둘 사랑 싸움이라도 했니?

B Not exactly. I think she needs some time to cool off. I really care about her, but she can be demanding and short-tempered. Sometimes it's difficult for me to handle her when she has angry outbursts.
딱히 그런 건 아니고. 여자 친구가 좀 진정할 시간이 필요할 것 같아서. 난 정말 그 애한테 마음을 쓰는데, 여자 친구는 너무 요구하는 게 많고, 툭하면 화를 내거든. 여자 친구가 화를 터뜨리면 어떻게 해 줘야 할지 어려울 때가 있어.

A Oh, I see. But, won't she get even angrier if you keep ignoring her calls?
아, 그래. 하지만 그 친구도 네가 자기 전화를 계속 무시하면 더 화가 나지 않을까?

③ **A** Have you heard that John managed to convince our boss to increase support for his project? He's so diplomatic!
존이 우리 사장님을 용케 설득해서 자기 프로젝트에 지원을 늘리게 했다는 소식 들었어요? 굉장히 수완이 좋은 사람이에요!

B Wow, he really is. How did he do that with such a stubborn and difficult person?
와, 정말 그러네요. 그렇게 완고하고 까다로운 사람을 어떻게 설득한 거래요?

His boss is notorious for being
very (**stingy** / **generous**).

이성적인, 합리적인, 사리를 아는 rational, reasonable	무기력한, 무능한 feckless 무책임한 irresponsible	유능한, 역량 있는 efficient, capable, effective(달성하기로 한 걸 달성할 때 사용)

인색한 stingy	알뜰한 frugal, thrifty	탐욕스러운, 욕심 많은 greedy

베푸는, 인심이 후한
generous

통찰력[직관력]이 있는, 식견이 있는
insightful

공정한, 공평한
impartial, fair

생각이 깊지 않고 가벼운
shallow

경솔한, 경박한, 까불거리는
flippant

이기적인
selfish

교활한, 음흉한
sly

몰래 하는, 비열한
sneaky

허세 부리는, 가식적인, 젠체하는
pretentious

포악한, 악랄한
vicious

무자비한, 가차 없는
ruthless

가혹한, 엄한
harsh

품위 있는, 단정한
decent

신중한, 생각이 깊은
discreet

마음이 넓은 broad-minded 속이 트인 open-minded	야심[대망]을 품은 ambitious	솔직한 candid

똑똑한, 총명한, 영리한

smart(영리하여 학습·이해·판단·결단 등이 빠른),

bright(학습 능력도 뛰어나고 두뇌 회전이 빠른),

clever('약삭빠르다' 등의 부정적 어감을 나타낼 수 있음),

brilliant(재능이 뛰어나고 우수한),

intelligent(학습 능력이나 이해력, 논리적인 사고 면에서 총명한)

지혜로운, 현명한 wise (연륜·경험으로 smart한)	우둔한, 어리석은 dumb, dull, slow(이해가 늦은), not too bright, stupid, foolish, silly

1 A Sarah, are you okay? You seem a bit down. What's wrong?
새러, 너 괜찮아? 좀 우울해 보이는데. 무슨 일 있어?

B Whew, I tried to hide it, but I guess I can't fool my best friend. Well, I think I'm going through a divorce.
휴, 숨기려고 했는데 베프 눈은 속일 수 없나 보네. 음, 나 이혼을 치러내야 할 것 같아.

A Oh, I knew you weren't very happy with him, but...
아, 네가 남편이랑 그리 좋지 않다는 건 알았지만...

B Yeah. I tried my best to get along with him, but I can't tolerate him anymore. When I got married, I thought Bob was a kind and gentle person, but he turned out to be irresponsible, selfish and lazy. He doesn't hold a job and doesn't care about our marriage or me. On top of that, he complains that I'm stingy and constantly nag him.
응. 그 사람과 잘 지내려고 최선을 다했지만, 이젠 더는 그 사람을 못 참겠어. 밥과 결혼할 때 난 그가 친절하고 온화한 사람이라고 생각했는데 알고 보니 무책임하고 이기적이고 게으르더라. 직업도 갖지 않고, 우리 결혼생활이나 날 신경 쓰지도 않아. 게다가, 내가 인색하고 끊임없이 자기한테 잔소리를 한다며 불평하지.

A Oh, my. You must have been going through a lot dealing with this situation. I believe it was a good decision for you. If you need any help, I'm here for you.
저런. 이번 일 때문에 맘고생 참 많았겠다. 난 너한테 좋은 결정이라고 생각해. 도울 일이 있다면, 내가 있잖아.

2 I admire my grandmother the most. She's decent, wise, and open-minded. She is always a good listener and provides me with insightful advice. Whenever I talk to her, I find myself sharing my deepest secrets and problems that I wouldn't disclose to anyone else. I feel incredibly fortunate to have her as my grandmother.
나는 우리 할머니를 제일 존경한다. 할머니는 기품 있고, 현명하고 속이 트이셨다. 늘 남의 말을 잘 들어 주시는 분이라서 내게도 통찰력 있는 조언을 해 주신다. 할머니와 얘기할 때마다, 나는 어느새 다른 누구한테도 알리지 않을 가장 깊숙이 묻어 놓은 비밀과 문제들을 털어놓고 있다. 할머니가 우리 할머니인 게 믿을 수 없을 정도로 큰 행운인 것 같다.

부정한, 외도를 하는
unfaithful

충실한(바람을 피우지 않는),
신의 있는
faithful

바람기가 있다
fool around(미국 영어)

윗사람[더 우월한 사람] 행세를 하는,
가르치려 드는, '꼰대'스러운
patronizing, condescending

간섭하는, 남의 일에 참견하는
meddling

침착하고 온건한, 냉철한
level-headed

현실적인
down-to-earth

돈으로 매수되지 않다
can't be bought

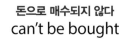

(돈으로) 매수되지 않는,
청렴결백한
**incorruptible,
of high integrity**

법을 준수하는
law-abiding

존경할 만한, 훌륭한
honorable

부패한, 타락한, 뇌물을 받고
부정한 짓을 하는
corrupt

예술가적 기질이 있다
have an artistic
temperament

차분한 기질이다
have a calm
temperament

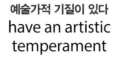

'멘탈'이 강한
strong-minded,
strong-willed

'멘탈'이 약한
weak-minded

중요 인물, 영향력 있는 사람
big man, bigwig,
big fish

오른팔, 심복
right-hand man

(비밀도 털어놓고 상담할 수 있는)
절친한 친구
confidant

영리한 사람
smart cookie

아주 열정적으로 하는 사람
eager beaver

완벽주의자
perfectionist

대인배/소인배
large/small-minded person

(윗사람 말에) 무조건 '예' 하는 사람
yes-man

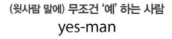

잘난 체[아는 척]하는 사람
wise guy

고루하고 굼뜬 사람
stick-in-the-mud

구두쇠
cheapskate

(골칫거리인) 문제 인물
a pain in the neck

다른 사람을 노예처럼 부리는 사람, 혹독한 고용주
slave driver

우두머리 행세를 하는 사람
bossy-boots

간섭[참견]하기 좋아하는 사람
busybody, meddler

1 A (shouting) Hey, listen! Back in my days, I used to work
12 hours a day, 7 days a week. You shouldn't complain
about being tired while you're working only 8 hours
a day, 5 days a week! It's not even considered work,
just playing!

(고함치며) 자, 들어봐! 나 때는 말이야, 하루에 12시간, 일주일에 7일을 일했어.
자네들은 하루에 겨우 8시간, 일주일에 5일만 일하면서 피곤하다고 불평해선 안 된다고!
그건 일로 칠 수도 없어, 그냥 노는 거지!

B (whispering) Ahhh. Here he goes again.

(속삭이며) 아아아. 저 사람 또 시작이야.

C (whispering) Why does he always have to be patronizing
and condescending? I just want to quit this job!

(속삭이며) 왜 저 사람은 늘 가르치려 들고 꼰대처럼 굴어야만 하는 걸까?
그냥 여기 일 때려치우고 싶어!

B (whispering) How can he be so certain that he's always right
and superior?

(속삭이며) 어떻게 저렇게 자기가 늘 옳고 우월하다고 확신할 수가 있지?

A (shouting) When I was your age, I did everything that my
boss ordered! Back in my days...

(고함치며) 내가 당신들 나이 때는 말이야, 상사가 지시하는 일은 뭐든 다 했어! 나 때는 말이야…

2 A I don't understand why our boss can't recognize good
employees! How did Jim, that yes-man to the boss and
meddling busybody to his team members, get promoted?

우리 사장은 왜 좋은 직원을 못 알아보나 몰라. 어떻게 사장한테는 아첨꾼이고
자기 팀원들한테는 간섭 대마왕인 짐이 승진을 했대?

B You're absolutely right! If anyone deserves a promotion,
it's Paul, not Jim!

완전 맞는 말이야! 승진할 만한 사람이 있다면 그건 폴이지, 짐이 아니고!

A Absolutely! Paul is hardworking and highly effective in
our team.

당연하지! 폴이 우리 팀에서 일을 열심히 하는 대단히 유능한 사람이지.

CHAPTER

4

음식, 식품 묘사

Food

☑ **CHECK**

Wine and cheese **(pair well / go bad)** together.

달콤한 sweet	설탕이 많이 들어간 sugary	풍미 있는, 매콤하거나 짭짤한 savory

(소금이 많이 들어가서) 짠 salty	시큼털털한 tart	(맛과 향이 감귤류 과일처럼) 새콤한, 상큼한 citrusy

신 sour	(식초 같은) 신맛이 나는, 식초가 들어간 vinegary	매우 신 acidic

감칠맛이 나는 umami, savory	고소한 nutty	순한, 담백한, 자극적이지 않은 mild

덤덤한, 싱거운 bland	풍미·맛이 없는 insipid, tasteless	쓴 bitter

달콤쌉쌀한 bittersweet	매운 spicy, hot	칼칼한, 얼얼한, 톡 쏘는 piquant

먹음직스러운 looking delicious	군침이 돌게 하는 mouth-watering	식욕을 돋우는 inviting, appetizing

맛있는
tasty, good, delicious, yummy

대단히 맛있다
taste heavenly

중독성 있다
be addictive

(너무 맛있어서)
먹는 걸 참을 수 없는, 유혹적인
irresistible

맛없는
bad, terrible, unsavory, awful[horrible]
(비격식.
맛이 '끔찍[지독]한, 형편없는'의
의미로 사용.)

역겨운
disgusting, yucky(속어), nasty,
gross(비격식, 일상 회화 표현)

식욕을 돋우지 않는
unappetizing

(맛이 없어서) 거의 먹을 수가 없는,
간신히 먹을 만한 정도의
barely edible

(맛이 없어서) 몇 입 못먹다
can barely take
a few bites

뒷맛이 나쁘다,
쓰쓸한 뒷맛을 남기다
have[leave] a bitter
aftertaste

자꾸 먹어 익숙해지면
좋아하게 될 맛이다.
It's an acquired taste.
(낯선 맛이거나 별로 입에 안 맞는다는 뜻을 완곡하게 표현.
음식뿐 아니라 취미나 사람에도 활용 가능.)

(음식이) 서로 잘 어울리다, 궁합이 잘 맞다
go well together,
pair[go] well with

1 **A** Why aren't you eating? Is it bad?

왜 안 먹고 있어? 맛이 없니?

B Oh, no, Mom. It's not bad, just... kind of bland.

아, 아뇨, 엄마. 맛없는 건 아니고, 그냥 좀 밍밍한 것 같아요.

A Oh, I forgot to add some salt.

아, 소금 좀 넣는다는 걸 깜빡했네.

2 **A** Look at this mouth-watering beef stew! Oh, it looks so delicious.

이 군침 도는 비프스튜 좀 봐! 아, 정말 맛있어 보인다.

B Hmm, I love this unique taste that you can only experience at this restaurant! The spicy and piquant flavors make the stew even more savory and addictive.

흐음, 이 식당에서만 맛볼 수 있는 이 독특한 맛이 너무 좋아! 이 매콤하고 칼칼한 풍미 때문에 이 스튜가 더 감칠맛 있고 중독적으로 느껴지거든.

A You're absolutely right. I should be on a diet, but I can't resist it. The stew and this soft bread with butter go so well together. It's fantastic!

백번 맞는 말이야. 나 다이어트 해야 하는데 이건 참을 수가 없어. 스튜랑 이 버터 바른 부드러운 빵도 정말 잘 어울려. 환상적이야!

B Yeah, it tastes heavenly!

응, 천국의 맛이지!

A I feel so satisfied. After we finish this, let's have a sweet dessert and some coffee.

정말 만족스럽다. 이거 다 먹고 나가서 달콤한 디저트랑 커피 마시자.

☑ CHECK

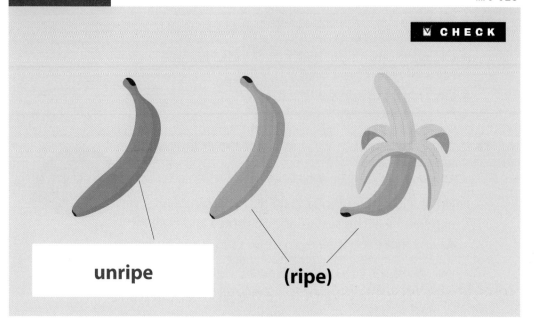

unripe

(ripe)

끈적끈적한
sticky

아주 찰진 밥
very sticky rice

끈기가 없이 풀풀 날리는 밥
loose rice

고슬고슬 잘 지은 밥
perfectly cooked rice

* neither too sticky nor too loose
너무 찰지지도, 너무 끈기가 없지도
않게 아주 잘 지어진

(녹은 치즈, 굽거나 녹은 마시멜로처럼)
녹진한, 부드럽고 끈적한, 꾸덕꾸덕한
gooey

곤죽이 된, 물컹물컹한, 물러터진
mushy

(라면·시리얼 등이) 불은
soggy

단단한, 딱딱한
hard

부드러운, (고기 등이) 연한
tender

입에 순한, 맛이 부드러운
soft

('소화가 잘 되는',
'알코올 성분이 없는'의 뜻도 나타냄)

자르거나 씹기에 질긴
tough

많이 씹어야 하는,
쫄깃쫄깃한, 질긴
chewy

(씹기 어렵게) 섬유질[힘줄]이 많은
stringy

아삭아삭한
(무나 사과처럼 덩어리 감 있는 음식)
crunchy

(채소 등이) 아삭아삭하고 싱싱한,
(탄산음료 등이) 청량감 있는,
입에 착 붙는
crisp

(감자칩, 튀김 등이)
바삭한
crispy

(튀긴 닭요리 등이) '겉바속촉'한
crispy on the outside
and juicy on the inside

작은 조각으로
부드럽게 으스러지는
crumbly

부드러운 거품 같은
fluffy

크림이 많이 들어간, 크림 같은,
부드럽게 녹아드는
creamy

매우 부드럽고 진한
silky

촉촉한 moist
퍽퍽한 dry

입안에서 살살 녹다
melt in one's mouth

(뼈에 붙어 있지 않고 쏙 떨어져 나올 정도로)
익힌 고기가 매우 부드럽다
the meat falls[is falling] off
the bone

과즙·육즙 등이 풍부한
juicy

(맛·향 등이) 농후한, 풍부한, 진한
rich

(와인이) 잘 숙성하여 부드러운
mellow

(커피가) 진한, (술이) 독한
strong

(술 등의) 자극성, 강한 효과,
(고추 등의) 맵고 자극적인 맛
kick

기름진, 느끼한
greasy

기름기가 있는, 기름에 푹 절은
oily

버터가 많이 들어간, 버터 같은
buttery

(탄산음료 등이) 김이 빠진
flat

(탄산음료 등이) 톡 쏘는, 탄산 거품이 많은
fizzy

(탄산음료 등이) 시원한, 상쾌한
refreshing

(빵·케이크 같은 식품이 만든 지) 오래된,
딱딱해진, (포장을 뜯어서) 눅눅해진
stale

상하다
go bad

곰팡이가 핀
moldy, musty

(기름이나 기름이 든 음식이) 산패한, 악취가 나는
rancid

부패한, 썩은
rotten

덜 익은
unripe

(과일·곡물이) 익은,
(치즈·포도주가) 숙성한
ripe

너무 익힌 overcooked
설익은, 덜 조리된 undercooked
다 익다 be fully cooked

보글보글 끓다;
보글보글 뭉근히 끓는 상태
simmer

지글지글하는
sizzling

1

A Nancy, would you like to join me in getting some brownies and coffee? I'm feeling tired and a little hungry, craving a sweet, gooey chocolate cake.

낸시, 나 브라우니랑 커피 좀 사러 가는데 같이 갈래? 피곤하고 조금 배가 고파서 달콤하고 녹진한 초콜릿 케이크가 몹시 당기네.

B That sounds wonderful. I'm also feeling hungry. Let's go!

너무 좋아. 나도 배고프거든. 가자!

2

A This fried chicken is absolutely amazing. It's crispy on the outside and juicy on the inside! It simply melts in my mouth. Did you really cook it yourself?

이 프라이드 치킨 정말 끝내준다. 겉은 바삭하고 속은 촉촉해! 입 안에서 그냥 살살 녹네. 이걸 진짜 당신이 직접 만들었어?

B Of course! Do you think I'm lying? I practiced making it over and over to make your birthday special.

그렇다니깐! 내가 거짓말하는 것 같아? 당신 생일을 특별하게 해 주려고 이거 만드는 연습을 하고 또 했지.

A Thank you so much, darling. I'm deeply touched!

정말 고마워, 여보. 나 깊이 감동했어!

3

After indulging in a greasy dinner with her coworkers, she craved something refreshing to cleanse her palate. She opened the refrigerator and found half a bottle of Coke, but it had gone flat and tasted like cold sugary water. To her dismay, she discovered that some of the food in the refrigerator had gone bad. She had initially planned to enjoy the ripe red tomatoes and some bread, but she forgot about them soon, and now they were stale, moldy, and rotten.

직장 동료들과 기름진 저녁밥을 실컷 먹은 후라 그녀는 입 안을 씻어 줄 상쾌한 뭔가가 몹시 먹고 싶었다. 냉장고를 열고 콜라 반 병 남은 걸 찾아냈지만 김이 빠져서 차가운 설탕물 같았다. 당황스럽게도 냉장고 속 몇몇 음식이 상해 있었다. 애초에는 잘 익은 빨간 토마토와 빵을 맛있게 먹을 요량이었지만 금방 잊어버렸고, 이제 그것들은 딱딱하게 마르고, 곰팡이가 피고, 썩어 있었다.

MP3 026

식품의 분류 Classification of Food

grasses → grains: rice and wheat

볏과(科) 식물 → 곡류: 쌀과 밀

plants → vegetables, beans, and nuts

식물 → 채소, 콩과 견과류

fruit trees → fruits

과일나무 → 과일

poultry → meat and eggs

가금류 → 고기와 달걀

animals → meat, milk, and dairy products (cheese and yoghurt)

동물 → 고기, 우유와 유제품(치즈와 요거트)

river → freshwater fish

강 → 민물 생선

sea → seafood (seawater fish, shellfish, and seaweed)

바다 → 해산물(바닷물고기, 조개류와 해초)

건강한/균형 잡힌/건강에 해로운 식사
healthy/balanced/unhealthy diet

영양소
nutrient

영양분이 많은
nutritious

필수 6대 영양소 - 탄수화물, 단백질, 지방, 비타민, 미네랄과 물
six essential nutrients
— carbohydrates, protein, fats, vitamins, minerals and water

영양분도 많고 맛도 좋은
both nutritious and delicious

건강에 이로운
beneficial for one's health

영양가가 부족하다
lack in nutritional value

탄수화물 섭취를 제한하다
limit one's carbohydrates intake

주요 에너지원인 탄수화물
carbohydrate, a major source of energy

탄수화물을 통곡물, 채소와 과일에서 얻다
obtain carbohydrates from whole grains, vegetables, and fruits

포화/불포화 지방
saturated/unsaturated fat

트랜스 지방
trans fat

오메가-3 지방산
omega-3 fatty acid

트랜스 지방산
trans fatty acid

지방(함량)이 적다/많다
be low/high in fat

단백질(함량)이 적다/많다
be low/high in protein

지용성/수용성 비타민을 섭취하다
take fat-soluble/water-soluble vitamins

영양실조로 고생하다
suffer from malnutrition

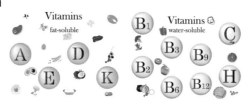

가공(된) 식품
processed foods

(~에) 방부제를 첨가하다
add preservatives (to ~)

인공 식품 착색제와 인공 감미료
artificial food colorings and flavorings

냉장 보관하다 **refrigerate**
냉동 보관하다 **freeze**

상온 보관하다
store at room temperature

유통기한
expiration[expiry, sell-by] date

유통기한이 지나다
be expired, be past one's expiration[expiry, sell-by] date

소비 기한
use-by date

~까지 사용(하면 최상의 품질·맛이 보장됨)
best before ~, best if used by ~

~(요리)의 재료
ingredients for ~

집에서 조리한 음식, 집밥
home-cooked meal

밀키트, 식자재 세트
meal kit

(데우기만 하면 먹을 수 있는) 조리 가공된 식품
ready meal,
microwave meal(전자레인지에 데워 먹는 냉동된 식품)

반조리 식품
precooked food

비상시를 위한 장기 보관 가능 식품
nonperishable food
for emergencies

통조림 식품
canned food

① I'm not sure if there's any food that is both nutritious and delicious. Many of the foods I find delicious, such as fried foods, sweets, cakes and ice cream, are often considered unhealthy or lacking in nutritional value.

영양분이 풍부하면서 맛도 좋은 음식이 있기는 한지 잘 모르겠다. 내가 맛있다고 여기는 많은 음식들, 즉 튀긴 음식, 단 것, 케이크와 아이스크림 등은 보통 건강에 해롭거나 영양가가 부족하다고 알려져 있다.

② While carbohydrates are a major source of energy and essential for our bodies, it is important to note that not all foods containing carbohydrates are equally beneficial for our health. Doctors often recommend obtaining carbohydrates from whole grains, vegetables, and fruits rather than relying on sources like white sugar and flour.

탄수화물은 주요 에너지원이고 우리 몸에 꼭 필요하지만, 탄수화물을 함유한 모든 음식이 다 똑같이 우리 몸에 이로운 게 아님을 알아두는 것이 중요하다. 의사들은 흰설탕과 밀가루 같은 공급원에 의존하기보다는 통곡물, 채소와 과일에서 탄수화물을 얻으라고 권장한다.

③ A Oh, Chris, look at all these microwave meals and sausages! Don't you ever cook for yourself at all? These processed foods often contain preservatives, artificial food colorings and flavorings, which may not be healthy for you.

아, 크리스, 이 전자레인지용 식품과 소시지들 좀 봐라! 넌 생전 요리는 안 하니? 이런 가공식품에는 건강에 해로울 수도 있는 방부제, 인공 식품 착색제에다 감미료가 들어 있는 경우가 많잖니.

B Mom, relax and close the freezer. You don't need to worry; these are organic products from a reputable brand.

엄마, 진정하고 냉동실 문 닫으세요. 평판 좋은 브랜드에서 나온 유기농 제품이라 걱정 안 하셔도 된다고요.

A Look, some of them are expired! What a waste! There are people around the world who suffer from malnutrition, and here you are throwing away food.

봐라, 몇 개는 유통기한이 지났네! 이게 무슨 낭비야! 이 세상 어딘가에는 영양실조로 고생하는 사람들도 있는데, 여기 있는 너는 음식을 버리는구나.

B Mom, please!

엄마, 좀!

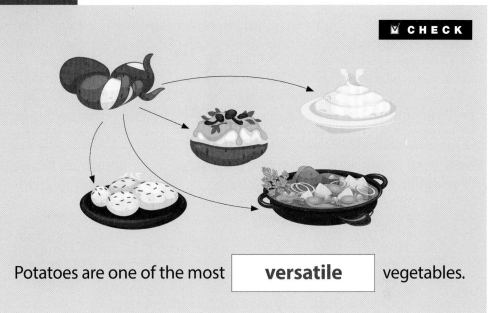

☑ CHECK

Potatoes are one of the most **versatile** vegetables.

곡류, 콩, 견과류 grains, beans, and nuts	곡물, 곡류, 낟알 grain	곡물을 가공해 만든 식품, 시리얼 cereal

플레이크
flake
(낟알을 얇게 으깬 식품)

보리 | 기장 | 메밀
barley | millet | buckwheat
호밀 | 통밀 | 퀴노아
rye | wholewheat | quinoa

찹쌀
glutinous rice

발아 현미
germinated brown[unpolished] rice

수수
African[Indian] millet, sorghum

조
Italian[German] millet

탄수화물, 단백질, 식이섬유, 비타민 B군과 미네랄의 중요한 공급원
a significant source of carbohydrates, proteins, dietary fiber, B vitamins and minerals

(가공되지 않은) 통곡물로 만든
wholegrain

통밀빵
wholewheat bread

정제된 곡물
refined grains

쌀겨 rice bran
배아, 쌀눈 rice germ
배엽 germ layer

(~에서) 겨를 제거하다
remove the bran (from ~)

쌀 도정, 정미
rice milling[polishing]

밀/옥수수알을 갈아서 가루로 만들다
grind wheat/ grains of corn into flour

콩과식물
legume

꼬투리 안에서 자라다
grow in a pod

대두 | 검은콩
soybean | black soybean

강낭콩 | 완두콩
kidney bean | pea

팥 | 녹두
red bean | mung bean, green gram

렌즈콩 | 병아리[이집트]콩
lentil | chickpea
작두콩
sword[saber] bean

도토리 | 밤 | 캐슈(넛) | 아몬드 | 잣
acorn | chestnut | cashew | almond | pine nut

(땅콩 등을) 볶다 roast
고소한 nutty
호두 껍질을 깨서 까다
crack open
walnuts

호두 까는 기구를 쓰다
use a
nutcracker

밀가루를 체로 치다
sift the flour

반죽
batter(흐르는 묽은 반죽),
dough

(달걀·묽은 반죽 등을) 휘젓다
whisk

반죽을 이기다, 치대다
knead

오븐을 섭씨 ~도로 예열하다
preheat an oven to
~ °C (degrees Celsius)

 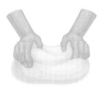

예열된 오븐에서 ~분간 굽다
bake for ~ minutes
in a preheated oven

~도에서 ~분 정도 굽다
bake at ~°C for about
~ minutes

시리얼을 볼에 붓다
pour some cereal
into a bowl

TIP **batter vs. dough**

둘 다 (밀)가루와 물을 섞어서 만들고, 기호에 따라 버터나 달걀 등 다른 재료를 첨가하기도 하는 '반죽'이다.
둘을 가르는 차이는 물의 양.
batter는 물을 가루보다 더 많이 넣고 휘저은(whisk), 와플이나 팬케이크 반죽, 튀김옷처럼 액체에 가깝게
흐르는 반죽이다.
dough는 가루를 물보다 더 많이 넣고 치대어(knead) 만드는, 형태가 유지되는 반죽이라 여러 모양을 만들
수 있다. 베이글 반죽 등이 이에 속한다.

1 I like to have a bowl of cereal, milk and some fruit for breakfast. It's quick to eat and nutritious, so it's perfect for a busy morning meal.

나는 아침 식사로 시리얼 한 그릇에 우유와 과일을 먹는 것이 좋다. 빨리 먹을 수 있고 영양도 있어서 바쁜 아침 식사로 아주 그만이다.

2 A Mom, I was somewhat surprised to know that grains contain such various nutrients.

엄마, 곡물에 그렇게 다양한 영양소가 들어 있다는 걸 알고 저 좀 놀랐어요.

B Really? Grains are a significant source of carbohydrates, proteins, dietary fiber, B vitamins and minerals.

그래? 곡물이 탄수화물, 단백질, 식이섬유, 비타민 B군과 미네랄의 중요한 공급원이긴 하지.

C Then why do you advise me not to consume too much bread, cookies, and cakes? Aren't they made from grains?

그럼 왜 엄마는 저한테 빵, 쿠키, 케이크를 너무 많이 먹지 말라고 하시는 거예요? 그것들도 다 곡물로 만드는 거 아니에요?

A That's a good question. Wholegrain foods, such as brown rice, retain the bran and germ layers, which are rich in nutrients. However, refined white grain flours and rice have had the bran and germ removed during processing. Additionally, cookies and cakes often contain high amounts of sugar and fats which are not healthy when consumed excessively.

좋은 질문이야. 현미 같은 통곡물 식품에는 영양소가 풍부한 쌀겨와 배엽이 남아 있어. 하지만 정제된 흰 곡물가루랑 쌀은 가공 과정에서 쌀겨와 배아가 제거된 거란다. 또, 쿠키와 케이크에는 과하게 먹으면 건강에 좋지 않은 설탕과 지방이 많이 들어 있는 경우가 많지.

채소 vegetables	잎/줄기/뿌리 채소 leaf/stem/root vegetable	구근 bulb

푸른 채소 greens	마이크로그린, 어린잎채소 microgreen (잎사귀가 매우 작은 어린 녹색채소)	새싹 채소 sprouts

무순 radish sprouts	샐러드 채소 salad vegetables	향채 herbs

청경채 | 아스파라거스 | 양상추 | 양배추 | 토마토 | 셀러리
pak choi, bok choy | asparagus | lettuce | cabbage | tomato | celery

파프리카 | 피망 | 로메인
paprika (= paprica) | bell pepper | romaine

대파 | 쪽파 | 깻잎 | 고수
big green onion | scallion | perilla leaf | cilantro

바질 | 로즈마리 | 딜 | 파슬리 | 세이지 | 타임
basil | rosemary | dill | parsley | sage | thyme

마늘 | 시금치 | 양파 | 무 | 가지
garlic | spinach | onion | radish | eggplant

당근 | 콩나물 | 비트
carrot | bean sprouts | beetroot

늙은 호박 | 애호박
pumpkin | zucchini

유기농의
organic

무농약의
pesticide-free

집에서 재배한
home-grown

싱싱한
fresh

생것의, 날것의
raw

아삭아삭한
crisp

부드러우면서 아삭한
tender-crisp

억센, 뻣뻣한
tough, stiff

단단한
hard, firm

연한
tender

여러 요리에
[다목적으로] 쓸 수 있는
versatile

섬유질이 많아 씹기 어려운 채소
stringy vegetables

섬유소가 많은
rich in fiber

비타민 C가 풍부한
rich in vitamin C,
with lots of vitamin C

채소를 다듬다, 손질하다
cut the ends off the vegetables, prepare[prep] the vegetables

온대 과일
temperate fruit
(온대 지방에서 자라며 일정 기간 찬 기온 속에서 휴지기를 거쳐야 함)

아열대 과일
subtropical fruit
(온대 과일과 달리 특별히 찬 기온을 필요로 하지는 않지만, 어느 정도의 추위는 견딤)

열대 과일
tropical fruit
(추위에 취약하여 0도 이상의 저온에도 상해를 입음)

사과 | 배 | 살구 | 체리 | 복숭아 | 자두 | 포도 | 딸기
apple | pear | apricot | cherry | peach | plum | grape | strawberry

감귤류 | 무화과 | 올리브 | 감 | 석류
citrus (fruit) | fig | olive | persimmon | pomegranate

두리안 | 아보카도 | 코코넛 | 망고 | 망고스틴 | 리치 | 파파야
durian | avocado | coconut | mango | mangosteen | lychee | papaya
바나나 | 대추야자 | 파인애플
banana | date palm | pineapple

산딸기류 열매
berry

핵과
stone fruit, drupe
(자두나 복숭아처럼 연한 과육이 큰 씨를 감싸는 과일)

(건포도 등) 말린 과일
dried fruit

비타민 C를 충분히 섭취하다
get enough vitamin C

(과일이) 익은 | 익다
ripe | ripen

후숙하다
(continue to) ripen after being harvested

(과일이) 멍들다
bruise

부드러운 과육
soft flesh

즙이 많은
juicy, succulent

껍질을 벗기지 않은
unpeeled

껍질을 벗기다
peel

크고 둥근 과일
large round fruits

작은 씨가 많고, 즙이 있는 작은 과일
small juicy fruits with many tiny seeds

1 A I'm considering making some changes to my diet.
내 식단에 변화를 좀 줄까 생각 중이야.

B How so?
어떻게?

A I'm planning to have a meal without any carbohydrates — just vegetables and fruits — for either breakfast or lunch.
아침이나 점심에 탄수화물 없이 채소와 과일만 먹는 식사를 할 계획이야.

B Hmm, is that feasible for you? You're a bread lover.
흠, 그게 너한테 가능할까? 넌 빵순이잖아.

A I think so, as I also enjoy vegetables. I recently discovered that radish sprouts contain so much calcium! I knew vegetables are rich in fiber and vitamin C, but I hadn't realized they contain calcium, too. So I'm thinking of growing some salad vegetables, microgreens, and sprouts at home. Just imagine how fresh, healthy, and crisp the organic home-grown vegetables would be!
가능할 거야. 난 채소도 좋아하니까. 최근에 무순에 칼슘이 아주 많이 들어 있다는 걸 알았어! 채소에 섬유소와 비타민 C가 많다는 건 알았지만 칼슘도 들어 있는 줄은 몰랐지. 그래서 샐러드 채소랑, 어린잎채소랑, 새싹 채소를 집에서 기를까 해. 집에서 기른 유기농 채소가 얼마나 신선하고 건강에 좋고 아삭아삭할지 상상해 봐!

B That's fantastic, but it'll take some days to grow and eat them. It's lunchtime now, though.
굉장하긴 하다만, 길러서 먹으려면 며칠 걸릴 거야. 그런데 지금은 점심시간이고.

A I'm hungry. Let's have some bread!
배고프다. 우리 빵 좀 먹자!

2 Welcome back to my "Let's cook!" class. Today I'll be showing you how to prepare a delicious potato chicken stew. Potatoes are incredibly versatile root vegetables that pair well with meats like chicken, beef, and pork, whether roasted, fried, or boiled together. Alright, then let's get started!
저의 '요리합시다!' 강좌를 다시 찾아주신 여러분, 환영합니다. 오늘은 맛있는 감자 닭고기 스튜를 마련하는 법을 보여드릴 거예요. 감자는 놀라울 정도로 활용성이 높은 뿌리 채소여서, 닭고기, 소고기, 돼지고기 같은 육류와 굽거나, 튀기거나, 함께 삶아도 아주 잘 어울린답니다. 자, 그럼 시작해 봅시다!

음식 재료 2 – 해산물, 육류, 유제품, 양념

MP3 028

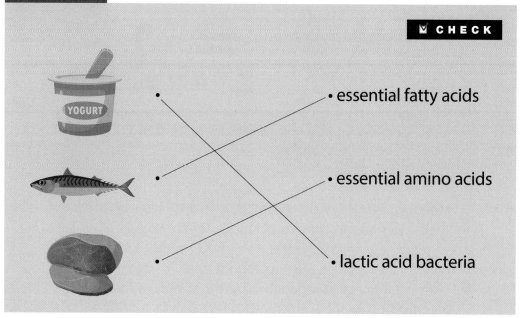

- • essential fatty acids
- • essential amino acids
- • lactic acid bacteria

해산물 seafood

양식(업)
aquaculture

바닷물고기
saltwater[sea] fish

흰살생선
whitefish

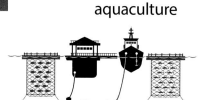

대구 | 복어 | 갈치
cod | puffer(fish), fugu, globefish | (largehead) hairtail

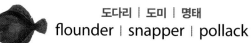

도다리 | 도미 | 명태
flounder | snapper | pollack

지방 함량이 낮은
with low fat content

기름기가 적은
with little fat

바닷가재 | 참새우 | 새우 | 게
lobster | prawn | shrimp (prawn보다 작음) | crab

기름기가 많은 생선
oily fish(등 푸른 생선)

고등어 ǀ 청어 ǀ 꽁치
mackerel ǀ herring ǀ mackerel pike

정어리 ǀ 삼치 ǀ 참다랑어, 참치
sardine ǀ cero ǀ tuna

지용성 비타민
fat-soluble vitamins

필수 지방산
essential fatty acids

민물고기
freshwater fish

잉어 ǀ 붕어 ǀ 메기 ǀ 장어 ǀ 미꾸라지 ǀ 가재
carp ǀ crucian carp ǀ catfish ǀ eel ǀ loach ǀ crayfish

소하어류(遡河魚類)
anadromous fish
(산란을 위하여 바다에서
하천으로 거슬러 올라가는
물고기)

연어 ǀ 송어
salmon ǀ trout

해초
seaweed

미역
sea mustard

다시마
kelp

생선 가시
fish bone

필레
fillet
(생선 가시를 발라낸 살코기 한 쪽/덩어리)

생선회
raw fish cut into slices,
sashimi

(마른) 오징어
(dried) **squid,**
cuttlefish(갑오징어)

(마른) 멸치
(dried) **anchovy**

북어
dried pollack

동태
frozen pollack

낙지 | 문어
small octopus | octopus

조개류
shellfish

전복 | 대합 | 관자
abalone | clam | scallop

홍합 | 굴
mussel | oyster

어란
fish eggs

(물고기 암컷 속에 든) 곤이
roe

캐비어, 철갑상어 알
caviar, sturgeon roe

참치 통조림
canned tuna

바닷가재/게찜
steamed lobster/crab

클램 차우더(대합을 넣은 수프)
clam chowder

매우 잘 상하는
highly perishable

비린내 나는
fishy

소화가 잘되는
easily digestible

고품질 단백질의 훌륭한 공급원
excellent source of
high-quality protein

1 A Michael, what is your favorite type of fish?
마이클, 어떤 생선을 제일 좋아해?

B Well, I enjoy all kinds of whitefish with low fat content. How about you, June?
음, 난 지방 함량이 낮은 흰살생선은 뭐든 좋아. 넌 어때, 준?

A I'm a fan of mackerel. In fact, fresh raw mackerel is my absolute favorite.
난 고등어를 정말 좋아해. 사실, 신선한 생고등어를 완전 최고로 좋아하지.

B Raw mackerel? Doesn't it have a strong fishy smell?
생고등어? 그건 비린내가 심하지 않아?

A Never. It simply melts in my mouth! Once you try it, you'll understand.
전혀. 입안에서 그냥 살살 녹아! 한번 맛보면 무슨 말인지 알게 될 거야.

2 A Dad, is salmon considered a saltwater fish or freshwater fish? It's quite confusing.
아빠, 연어는 바다생선이에요, 민물생선이에요? 굉장히 헷갈려요.

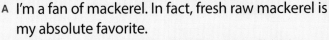

B You're right, as they inhabit both the sea and rivers, it's not straightforward. After hatching in freshwater streams, they migrate to the sea and live there. When they're ready to spawn, they return to the river. That's why they are known as "anadromous fish."
맞아. 연어들은 바다와 강 두 곳에서 다 서식하기 때문에 간단하게 말할 수가 없지. 민물 강에서 부화하면 바다로 이동해서 거기서 살아. 산란할 때가 되면 강으로 다시 돌아간단다. 그래서 연어가 '소하어류'라고 알려진 거야.

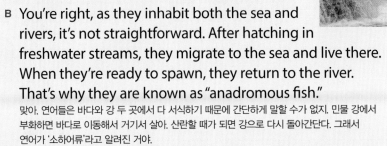

3 Fish is an excellent source of high-quality protein, easily digestible, and rich in essential fatty acids that promote brain health. Doctors recommend consuming fish two or three times a week. However, it's important to handle and store fish properly to ensure freshness, as they are highly perishable.
생선은 고품질 단백질의 훌륭한 공급원이고, 소화하기가 쉬우며 뇌 건강을 증진시키는 필수 지방산이 풍부하다. 의사들은 일주일에 두세 번 생선을 섭취하라고 권고한다. 하지만 생선은 매우 잘 상하기 때문에 제대로 손질하고 보관하여 신선도를 확실히 유지하는 것이 중요하다.

육류 meat

(살이) 붉은 고기
red meat

미오글로빈이 풍부한
plenty of myoglobin

소고기 ǀ 송아지고기 ǀ 돼지고기 ǀ 양고기
beef ǀ veal ǀ pork ǀ lamb(어린 양), **mutton**(다 자란 양)

흰살 고기
white meat

미오글로빈 함량이 낮은
with low levels of myoglobin

닭고기 ǀ 오리고기 ǀ 칠면조 고기
chicken ǀ duck ǀ turkey

모든 필수 아미노산을 함유하다
contain all of the essential amino acids

정육점 (주인)
butcher

지방이 적은 고기, 살코기
lean meat

특정 부위에서 잘라낸 고기 한 덩어리
cut

등심 ǀ 채끝 ǀ 안심 ǀ 꽃등심 ǀ 티본 ǀ 갈비(LA갈비 포함)
sirloin ǀ shortloin ǀ tenderloin ǀ rib eye ǀ T-bone ǀ short ribs

목심, 어깨등심 ǀ 양지머리
chuck roll ǀ brisket

사태 ǀ 홍두깨 ǀ 치마살, 치마양지
shank ǀ rump round ǀ thin flank

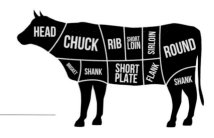

돼지 목심 | 등갈비 | 삼겹살
blade shoulder | back ribs | pork belly

닭/칠면조 가슴살
chicken/turkey breast

닭봉 | 닭날개
drumette | wing

(요리한) 닭[칠면조·오리] 다리
drumstick

소고기구이, 로스트비프
roast beef

소고기/돼지고기 육포
beef/pork jerky

질긴
tough, stringy

연한
tender

풀드 포크
pulled pork

(손으로 쉽게 뜯어질 만큼 연해지도록
장시간 서서히 구운 돼지고기)

주사위 모양으로 썰다
dice

주사위 모양으로 썬 고기
diced meat

**(갈비 부근 살을)
작게 자른 양·돼지의 고기**
chop

다지다, 잘게 썰다
mince

다진 소고기
minced beef

동물 복지
animal welfare

자연 방사란
cage-free eggs

유정란/무정란
fertilized/unfertilized eggs

(동물·새의 간 등 식용으로 쓰는)
내장
offal

(고기를) 부드럽게 만들다,
연육하다
tenderize (meat)

스테이크를 소금과 후추로 양념하다
season the steak with salt and pepper

밑간하다
season before cooking

원하는 (굽기) 상태가 되도록 굽다
grill to desired doneness

살짝 익힌, 레어
rare

medium과 rare의 중간 정도로
익힌, 약간 덜 익힌, 미디엄 레어
medium rare

알맞게 익힌, 미디엄
medium

medium과 well-done의 중간
정도로 익힌, 미디엄 웰(던)
**medium-well done,
medium-well**

완전히[바싹] 익힌, 웰던
well-done

진공포장의
vacuum-packed

(훈제, 소금 절임, 건조 등의 방법으로)
고기를 보존 처리하다
cure

훈제한 고기
**smoked[smoke-dried,
smoke-cured] meat**

1 A Oh, this beef is brown! Has it gone bad?
어, 이 소고기는 갈색이네! 상한 건가?

B Don't worry. It's because of myoglobin in the muscle of the meat.
걱정하지 마. 그건 고기 근조직에 있는 미오글로빈 때문이니까.

A Myoglobin? I think I've heard that term before, but I'm not quite sure what it is.
미오글로빈? 전에 그 용어를 들어 본 적이 있는 것 같긴 한데 뭔지는 잘 모르겠다.

B Myoglobin is similar to hemoglobin, which is found in blood cells and carries oxygen. Myoglobin is present in the muscles, and when it comes into contact with oxygen, it turns bright red. This beef has turned brown because it was vacuum-packed.
미오글로빈은 혈구에 있는, 산소를 운반하는 헤모글로빈과 비슷한 거야. 미오글로빈은 근조직에 있는데 산소와 접촉하면 선홍색으로 변하지. 이 소고기는 진공포장 되었기 때문에 갈색으로 변했던 거야.

A Wow, you sounded like a biology professor! Thanks for the explanation.
와, 너 생물학 교수님 같았어! 설명 고마워.

B My pleasure! Anyway, there's no problem with the meat. I bought it today from the nearby butcher, known for its fresh and high-quality cuts of beef.
별말씀을! 어쨌든, 고기엔 아무 문제 없어. 신선하고 품질 좋은 소고기로 유명한 근처 정육점에서 오늘 산 거야.

2 A We'll have tenderloin steak, a side of green salad and a pulled pork sandwich.
저희 안심 스테이크에 곁들임 요리는 그린 샐러드 주시고, 풀드 포크 샌드위치 하나 주세요.

B Okay. How would you like your steak cooked? Rare, medium, or well-done?
네. 스테이크는 어떻게 구워 드릴까요? 레어, 미디엄, 웰던 중에서요.

A Oh, can I have it cooked medium-well?
아, 미디엄 웰로 해 주시겠어요?

B Certainly.
알겠습니다.

유제품 dairy products

저지방 우유 | 탈지유 | 전지우유
low-fat milk | skim(med) milk | full cream milk, whole milk

유당불내증의
lactose intolerant(유당(lactose) 성분을 소화하지 못하는)

속이 부글거리다
experience flatulence

'락토 프리' 우유
lactose-free milk
(유당을 제거한 우유)

유산균, 젖산균
lactic acid bacteria, lactobacillus

프로바이오틱스, 활생균
probiotics(유익한 intestinal flora가 성장하도록 자극함)

장내에 자연적으로 공생하는 박테리아
intestinal flora

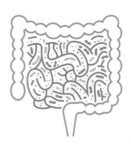

(첨가제 등을 넣어 가공해 만든) 대량 생산 치즈 processed cheese

경질/연질 치즈 hard/soft cheese

우유보다 저장 수명이 길다
have a longer shelf life than milk

경질 치즈가 연질 치즈보다 더 오래 가다
hard cheeses last longer than soft cheeses

블루 치즈
blue cheese
(고르곤졸라(Gorgonzola) 치즈 같이 향이 강하고 푸른곰팡이 선이 나 있는 치즈)

발효 버터 cultured butter
무발효 버터 sweet cream butter

적당량의 유제품을 먹다
eat[have] dairy products in moderation

두유
soybean[soya] milk

SOME OF THE MOST POPULAR TYPES OF CHEESE

Cheddar: 체더 치즈. 단단하고 매끈한 영국 치즈.

mozzarella: 모차렐라 치즈. 부드럽고 잘 늘어나는 이탈리아 치즈로 피자에 많이 쓰인다.

Parmesan: 파르메산 치즈. 단단하고 고소한 이탈리아 치즈로 주로 파스타에 갈아서 넣는다.

Brie: 브리 치즈. 부드러운 크림형 식감의 프랑스 치즈.

Gouda: 구다 치즈. 담백하고 중간 정도로 단단한(semi-hard) 네덜란드 치즈.

ric otta: 리코타치즈. 크림 같은 담백한 이탈리아 치즈로 파스타나 디저트에 사용한다.

Camembert: 카망베르 치즈. 강한 향을 지닌 부드러운 크림형 프랑스 치즈.

feta: 페타 치즈. 부드러운 그리스 치즈로 주로 샐러드에 쓴다.

양념 seasoning and spices	양념 ｜ 조미료 ｜ 향신료 seasoning ｜ condiment ｜ spice	마른/물기 있는 양념 dry/wet seasoning
		향기로운, 향이 좋은 aromatic 톡 쏘는 듯한, 자극적인 pungent

천연/인공 감미료 natural/artificial sweetener	계피 ｜ 육두구 ｜ 커민 ｜ 생강 ｜ 파프리카 cinnamon ｜ nutmeg ｜ cumin ｜ ginger ｜ paprika

발사믹 식초
balsamic vinegar

간장 | 스리라차 소스 | 칠리 소스
soy sauce | Sriracha sauce | chili sauce

참기름 | 들기름 | 콩기름 | 미강유, 현미유
sesame oil | perilla oil | soybean oil | rice bran oil

올리브유 | 카놀라유
olive oil | canola oil

~의 풍미를 높이다
enhance the
flavor of ~

~의 맛을 더하다
spice ~ up

풍미를/향을 더하다
add a flavor/an aroma

음식의 풍미와 식감을
더욱 좋게 만들다
improve flavor and
texture of food

~를 한 큰술 붓다[뿌리다]
drizzle one tablespoon of ~

~에 소금 '한꼬집(소량)'을 넣다
add a pinch of salt to ~

스테이크를 마늘 가루로/소금과 후추로 양념하다
season the steak with garlic powder/salt and pepper,
use garlic powder/salt and pepper to season the steak

❶ A Wow! That ice cream parlor looks amazing. How about getting some ice cream there?

우와! 저 아이스크림 가게 정말 좋아 보인다. 저기서 아이스크림 좀 사 먹을까?

B Well, you go ahead and enjoy your ice cream. I'll have another drink or something else.

아, 너는 아이스크림 맛있게 먹어. 나는 다른 음료나 뭐 그런 거 먹을게.

A Why? Don't you like ice cream?

왜? 아이스크림 안 좋아해?

B I actually like it, but I'm lactose intolerant. Whenever I eat dairy products, I experience flatulence and eventually need to use the bathroom.

사실은 좋아하는데, 내가 유당불내증이 있거든. 유제품만 먹으면 속이 부글거려서 결국 화장실에 가야 해.

A Oh, my. I'm sorry to hear that! Then let's ask them if they have any options made with lactose-free milk.

저런. 안됐다! 그럼 가서 유당 없는 우유로 만든 것도 있는지 물어보자.

❷ I have salad for breakfast every morning. I include a variety of vegetables and fruits such as tomatoes, lettuce, avocados, and oranges. I also add some nuts and ricotta cheese. Finally, I drizzle one tablespoon of olive oil to enhance the flavor of the salad even more.

나는 매일 아침 식사로 샐러드를 먹는다. 토마토, 양상추, 아보카도, 오렌지 같은 여러 가지 채소와 과일을 담는다. 견과류와 리코타 치즈도 좀 넣는다. 마지막으로, 올리브유를 한 큰술 뿌려서 샐러드의 풍미를 한껏 높인다.

MP3 029

☑ CHECK

(She has a good appetite. / She has no appetite.)

배고프다
be[feel] hungry

몹시 배고프다, 배가 고파 죽을 지경이다
be famished, be starving
(to death)

(배가 고파서) 배가 꼬르륵거리다
one's stomach is
rumbling[growling]

너무 배가 고파서 뭐라도
[돌이라도] 먹을 수 있다
can eat a horse

배고파서 화나는
hangry
(hungry와 angry가 합쳐진 신조어)

(조금) 출출하다,
입이 궁금하다
feel[be] (a
little) peckish

~가 당기다, 먹고 싶다
feel like (eating) ~,
be craving ~,
have a craving for ~

배부르다
**be full,
be[feel] stuffed**

식욕이 없다
have no appetite

저녁/먹고 싶은 생각이 없다
**don't feel like
dinner/eating**

야식
**late-night food
[snacks]**

야식 먹고 싶다
**have late-night
cravings**

단식
fast

간헐적 단식
intermittent fasting

음식을 적당히 먹다/
술을 적당히 마시다
**eat/drink in
moderation**

입맛이 까다롭다
be picky about food

식성이 까다로운 사람
picky eater

식욕이 좋다
**have a good
appetite**

먹성이 좋다, 식욕이 왕성하다
have a big[hearty] appetite

엄청난 식욕[식탐]
ravenous appetite

식탐이 있고 많이 먹는 사람
voracious eater

강박적으로 먹는
[무엇인가 먹지 않고는 못 배기는]
사람
compulsive eater

새로운 음식을 찾아다니는 것을/
시도해 보는 것을 아주 좋아하다
**love to explore/
try out new foods**

매운 음식을 잘 먹다/잘 못 먹다
can/can't handle spicy food

건강에 좋은 음식을 (충분히 잘) 먹다
eat well

* 식사 전에 말하는 Eat well!은 '많이 먹어'의 뜻.

소식하다
eat a little bit, eat like a bird

소식가/대식가
light/big eater

끼니를 거르다
skip meals

간단히 먹다[때우다]
grab a bite

미식가 | 식도락가
gourmet | foodie

채식주의자(의)
vegetarian

엄격한 채식주의자(의)
vegan

(고기, 생선, 해산물은 물론 달걀, 유제품 등 동물성 식품을 먹지 않고 과일, 곡식, 채소만 섭취함)

해산물 채식주의자
pescatarian

(고기를 먹지 않고 해산물을 섭취함)

* pescetarian이라고도 표기

육식주의자
meatarian

1 One of my friends is a traveler and food columnist. She travels around the world and writes about the cuisine of different countries. She's a real foodie and loves to explore new foods. She definitely found the perfect job for herself.

내 친구 하나는 여행가이자 푸드 칼럼니스트이다. 그 애는 세계를 여행하면서 여러 나라의 요리에 관해 글을 쓴다. 진정한 식도락가여서 새로운 음식을 찾아다니는 것을 매우 좋아한다. 그 애는 정말 자신에게 더할 나위 없이 잘 맞는 직업을 찾은 것이다.

2 A Judy, how are you feeling?

주디, 몸은 좀 어때?

B Well, I'm feeling a bit better now, but the problem is I have no appetite at all.

글쎄, 지금은 조금 나아지고는 있는데, 문제는 식욕이 하나도 없다는 거야.

A Really? Oh, poor girl! You used to have a hearty appetite and enjoy eating before you caught this cold.

정말? 아, 불쌍한 것! 이번 감기 걸리기 전에는 그렇게 먹성도 좋고 먹는 걸 좋아라 했는데.

B That's true. I used to even indulge in late-night snacks almost every night. Now I'm not the same person, and just eat a little bit to take my medicine after a meal. It's even worse than being a picky eater.

맞아. 야식을 거의 매일 밤마다 포식하기도 했지. 지금은 그때의 내가 아니고, 식후에 약 먹어야 하니까 그냥 아주 조금만 먹어. 편식쟁이인 것보다 더 안 좋아.

A But you shouldn't skip meals. Try to eat well, and then you'll recover much faster.

그래도 끼니는 거르면 안 돼. 잘 먹으려고 해 봐. 그럼 훨씬 더 빨리 회복할 거야.

CHAPTER

5

감정, 느낌 묘사

EMOTION & FEELING

감탄, 찬양 admiration	행복감, 희열 euphoria
애정 affection	감사(하는 마음) gratitude
이타심 altruism	행복 happiness
즐거운, 위안, 재미 amusement	희망 hope
경외감 awe	영감 inspiration
기분 좋음, 유쾌함 cheerfulness	흥미 interest
자신감 confidence	사랑 love
만족감, 자족감 contentment	낙관, 낙천주의 optimism
호기심 curiosity	열정 passion
열광, 열정 enthusiasm	만족 satisfaction
기쁨 joy	평온함, 평정 serenity
공감 empathy	

만족한, 만족해하는
satisfied

자족하는
content

아주 기뻐하는 delighted, joyful
기뻐하는, 마음에 든 pleased
더없이 행복한 elated, blissful

황홀해하는, 열광하는
ecstatic

신이 난, 들뜬
excited

열광적인, 열렬한
enthusiastic

아주 흥분한,
(너무 좋아서) 황홀해하는
thrilled

감사하는, 고마워하는
grateful

~에 감동하다
be touched by ~

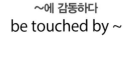

기쁨에 넘친
overjoyed

마음이 가벼운[편안한]
light-hearted

지극히 행복한 상태
state of bliss

걱정이 없는, 속 편한
carefree

성취감을 느낄 수 있는[뿌듯하고 만족스러운, 충족감 있는] 삶
fulfilling life

기분 좋고 만족한 사람
happy camper

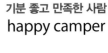

으쓱해지다, 우쭐하는 기분이 들다
be[feel] flattered

(and honored를 덧붙여 시상식 등 공식적인 상황에서
감사를 표할 때 사용하기도 함.
flattered 대신 delighted, happy 등 상황과 분위기에 적절한 말을 쓸 수 있음.)

기분이 좋다
feel good[cheerful],
be in a good mood

신체적·정신적 (건강) 상태가 모두 좋다
feel both physically and mentally well

(곤란한 상황에서도) 매우 침착한
(as) cool as a cucumber, self-possessed, composed

느긋한, 여유 있는
relaxed

After working for twenty-five years as a busy "star instructor," I found myself completely drained and in need of some time to take care of myself. At that moment, I realized that it was time to change the situation. On this island, I discovered true happiness and joy. I am incredibly grateful and content with this quiet, simple life. I think I met my authentic self here, and my enthusiasm and passion, which I believed had faded away, came back to me. So I now live with a light-hearted spirit, feeling both physically and mentally well.

25년간 '스타 강사'로 바쁘게 일하고 난 뒤, 저는 제가 완전히 지쳤고, 제 자신을 돌볼 시간이 필요하다는 것을 알게 되었습니다. 그때, 지금이 인생을 바꿀 때라는 것을 깨달았죠. 이 섬에서 저는 진정한 행복과 기쁨을 발견했습니다. 저는 이 조용하고 단순한 생활이 믿을 수 없을 만큼 감사하고 만족스럽습니다. 여기서 진정한 제 자신을 만난 것 같고, 이젠 다 사그라졌다고 믿었던 열의와 열정도 다시 돌아왔답니다. 그래서 이제 신체적으로나 정신적으로나 모두 건강한 상태에서 편안한 마음으로 살고 있습니다.

화, 분노 anger	적개심 hostility
적의, 적대감 antagonism	불안(정)감 insecurity
불안(감), 염려 anxiety	질투, 시샘 jealousy
비난, 책망 blame	정신적 고통, 고뇌, 비참함 misery
냉소주의, 시니컬함 cynicism	고통, 괴로움 pain
침울, 우울 depression	극심한 공포, 공황 panic
혐오감 disgust	염세주의 pessimism
어색함, 당혹함 embarrassment	후회, 유감 regret
두려움 fear	분개 resentment
공포, 경악 fright	슬픔 sadness, sorrow
좌절감, 욕구불만 frustration	수치심 shame
격노, 격분 fury	불행, 비참 unhappiness
큰 슬픔, 비탄 grief	피로감, 권태 weariness
죄책감 guilt	걱정, 근심 worry
미움, 증오 hatred	
상심, 마음의 고통 heartache	

화가 난
angry
격노한
furious

비관적인, 염세적인
pessimistic

실의에 빠진, 낙담한
dejected
상심한
heartbroken

슬픈
sad, mournful

무력감
feeling of
helplessness

학습된 무기력[무력감]
learned
helplessness

우울하다, 기분이 나쁘다[언짢다]
feel down
[blue, depressed]

(심리적으로) 답답하다
feel frustrated

마음이 산란하다, 매우 불안하다
be disturbed

불안한, 우려되는
anxious, uneasy

불안한, 초조한, 쉽게 불안해하는
nervy(영국, 비격식, 일상 회화 표현)

초조한, 조마조마한
jittery(비격식, 일상 회화 표현)

애태우다, 초조하다
feel nervous,
be on edge

신경이 날카롭다
one's nerves are
on edge

짜증 나는, 분통 터지게 하는
irritating, annoying, aggravating, infuriating, exasperating

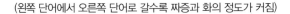

(왼쪽 단어에서 오른쪽 단어로 갈수록 짜증과 화의 정도가 커짐)

~ 때문에 짜증이 나다,
신경이 곤두서다
get annoyed with ~,
~ get on one's nerves

스트레스를 받다
be under pressure[stress],
get stressed

~ 때문에 감정이 상하다,
불쾌하다
be offended by ~

(지난 일을) 애석해[아쉬워]하는
wistful

기분이 몹시 안 좋은,
불행한, 비참한
wretched

~에 신물이 나다, ~에 질리다
**be sick and tired of ~,
be fed up with ~**

(두려움·지긋지긋함으로) ~에
치가 떨리다, 진저리를 치다
shudder (at ~)

굴욕[모멸감]을 느끼다
feel humiliated

바보 같은 느낌이다
feel foolish

크게 실망한
bitterly disappointed

샘내는, 시샘하는
envious

패배주의적인, 패배주의자(의)
defeatist

충격을 받은[충격에서 벗어나지
못한] 상태이다
be in a state of shock

~에 휩싸이다
**be overwhelmed
with ~**(감정)

~(슬픔·충격 등)으로 멍하다,
망연자실하다
feel numb with ~

감정이 메말라 버린
emotionally drained

❶ When he discovered that his wife had been unfaithful to him for years, a range of negative emotions engulfed him. Initially, he was in a state of shock, filled with anger, and unable to sleep. As time went on, he felt humiliated, heartbroken, and overwhelmed with deep sadness. His entire life and the long years with his wife seemed to be meaningless. He felt foolish and couldn't overcome the feeling of helplessness for a long time.

아내가 몇 년간 부정을 저질렀다는 것을 알게 되었을 때 온갖 부정적인 감정이 그를 에워쌌다. 처음에는 충격에 빠져 있었고 분노로 가득 찼으며, 잠을 잘 수가 없었다. 시간이 흐르면서 그는 모욕감을 느꼈고, 마음이 아팠고, 깊은 슬픔에 휩싸였다. 그의 한평생과 아내와 보낸 긴 세월이 무의미해 보였다. 그는 바보가 된 느낌이었고, 오랫동안 무기력감에서 헤어날 수가 없었다.

❷ Sophia felt anxious and nervous when her teenage son didn't answer her call until midnight.

소피아는 10대인 아들이 자정이 되도록 전화를 받지 않자 걱정이 되고 불안했다.

❸ My boss keeps sniffling every minute and it's really getting on my nerves! What should I do?

상사가 일 분마다 코를 훌쩍대니 신경이 곤두서 죽겠어! 어떻게 해야 하지?

❹ Terry felt numb with shock and sadness when he heard the news that his beloved old dog passed away.

테리는 자신이 사랑하는 늙은 개가 죽었다는 소식을 듣고 충격과 슬픔에 망연자실했다.

UNIT 3 희로애락

MP3 032

기쁨 joy

행복한
happy

매우 행복하고 기쁜
ecstatic, over the moon,
on cloud nine

넘치는 기쁨 exuberant joy
(기쁨·승리감으로) 득의만면한 jubilant

기뻐 날뛰다, 몹시 기뻐하다
jump for joy

굉장히 기뻐하다
be tickled pink

(입이 귀에 걸리도록) 활짝 웃다
have a wide grin
on one's face, grin
widely[from ear to ear]

| 화 anger | 화가 난
angry, mad | 격노한
furious, outraged,
enraged, livid |

벌컥 화를 내는, 몹시 화가 난
steaming(주로 영국)

분노의 폭발
angry outburst, outburst of anger

극도로 화가 난
fit to be tied(비격식)

| ~에게 화가 나다
be angry with ~
be mad at ~

* be mad about ~
~를 무척 좋아하다 | 화를 내다
lose one's temper | 갑자기 몹시 화를 내다
see red(비격식) |

불같이 화가 나다
burn with anger

노발대발하다, 뚜껑이 열리다, 분노로 길길이 뛰다
blow one's top(비격식), **hit the roof[ceiling]**(비격식)

(화가 나서 속이) 부글부글 끓다
simmer

(분노·유감 등으로) 이를 갈다
gnash one's teeth

화가 식다
one's anger dies down,
~ cool off
(화·관심·흥분 등이 식다)

진정하다, 화 등이 가라앉다
calm[cool] down

슬픔 sadness and sorrow	슬픈 sad, mournful, sorrowful(문예체), grieved(문예체)	울먹이는, (이야기·소식이) 눈물을 자아내는 tearful

비참한 miserable

애도하다, 슬퍼하다 mourn

비탄에 잠긴, 상심한 heartbroken

(소리·음악 등이)
애처로운, 구슬픈
plaintive

(표정 등이) 우울해 보이는,
애처로운
doleful

우울한, 구슬픈; (장기적인) 우울감, 비애
melancholy

우울한, 풀이 죽은
down in the mouth

우울하다, 울적하다
feel down[blue, depressed], have the blues,
have a long face(우울·실망, 심각한 표정),
look like a wet weekend(영국)

~을 울리다, 눈물을 흘리게 만들다 reduce ~ to tears

목이 메다 get a lump in one's throat

눈물을 참다 hold back tears

TIP **sadness, sorrow & grief**

sadness는 어떤 사건으로 인한 일시적인 슬픔과 불행감을 나타낸다.

sorrow는 인생의 큰 변화, 가족·지인 사망 등의 상실로 인해 겪는, sadness보다 더 깊고 오래가는 슬픔을 뜻한다.

grief는 가족·지인의 사망, 중병, 큰 변화나 이별 등 심각한 상실로 인해 겪는 슬픔·분노·죄책감·원한 등 여러 감정이 복합적으로 일어나는 슬픔이다.

즐거움 **pleasure and enjoyment**	재미있어 하는, 즐거워하는 **amused**

쾌활한, 유쾌한, (소식·환경·장소 등이)
생기를 주는, 유쾌하게 하는, 쾌적한
cheerful

(사물·일이) 즐거운, 쾌적한,
(사람의 태도가) 상냥한, 싹싹한
pleasant

(행사·시간·활동 등이) 즐거운, 유쾌한 enjoyable
즐거운, 기분 좋은, 만족스러운 pleasing(다소 격식적)
흐뭇한, 만족을 주는, 유쾌한 gratifying(격식적)

매우 흥미로운 interesting, intriguing	기분이 좋다 feel good[cheerful], be in a good mood	파티에서 즐거운 시간을 보내다 enjoy oneself at the party

아주 즐거운 한때를 보내다 have a blast	매우 재미있다 have much[a lot of] fun	즐거운 시간을 보내다 have a great time
		~의 모든 순간을 즐기다 love every minute of ~
		무척 즐겁다, 재미있다 be thoroughly entertained

1 A Susan! You have a wide grin on your face. Is there any good news?

수전! 얼굴에 웃음꽃이 피었네요. 무슨 좋은 일 있어요?

B Oh, Eric. My son has passed the university entrance exam.

아, 에릭. 우리 아들이 대학 입학시험에 합격했어요.

A Oh, congratulations!

오, 축하해요!

B Thank you so much. I'm overjoyed to see my son so happy. He is on cloud nine because he really wanted to attend that university.

고마워요. 아들이 좋아하는 모습을 보니 저도 너무 기뻐요. 걔는 지금 구름 위를 둥둥 떠다닌답니다. 그 대학교에 정말 다니고 싶어 했거든요.

2 A How was the school reunion?

학교 동창회는 어땠어?

B Oh, it was so enjoyable and cheerful. It had been such a long time since we last saw each other. Some friends organized quizzes about our school and teachers who taught us, and they turned out to be much more interesting than I anticipated. I had a blast.

아, 아주 유쾌하고 흥겨웠어. 서로 얼굴 본 지 오래되었잖아. 몇몇 친구들이 우리 학교와 우리를 가르쳤던 선생님들에 대한 퀴즈를 만들었는데 기대했던 것보다 훨씬 재미있더라고. 진짜 즐거웠어.

A That sounds wonderful. I'm glad that you had a great time there.

정말 재미있었겠다. 자기가 거기서 좋은 시간을 보냈다니 나도 기뻐.

CHAPTER

6

몸 상태, 증상, 통증 묘사

PHYSICAL CONDITION, SYMPTOM & PAIN

MP3 033

He **(got over/is coming down with)** a cold.

몸매를[체력을] 잘 유지하다
keep in shape

건강이 최우선이다
one's health comes first

건강을 우선순위에 놓다
prioritize one's health

피곤한
tired

몹시 피곤한, 녹초가 된
exhausted, worn[burned] out, beat(비격식), drained,
dead on one's feet(비격식)

극심한 피로
severe fatigue

몸이 편치 않은
unwell

몸이[컨디션이] 별로 안 좋다, 찌뿌둥하다
not feel so well, feel a little under the weather,
be[feel] out of sorts

딴 데 정신이 팔린, 넋 놓은
absent-minded

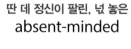

몸이 좀 지친 것 같다
feel a bit run down
[worn out]

**(건강 상태가)
평소보다 안 좋아 보이다**
not look oneself

**~(감기·독감 등 심각하지 않은 질병)에
걸리다**
come down with ~

감기에/독감에 걸리다
have a cold/the flu

감기 증상이 있다
have symptoms
of a cold

열이 있다
have a fever,
burn up (열이 심해 이마가 뜨겁다)

땀이 나다
sweat

땀으로 목욕하다
be bathed in sweat,
be soaked with sweat,
sweat a lot

갑자기 식은땀이 나다
break out in a cold
sweat

오한이 나다
have a chill

목이 뻐근하다
have a stiff neck

휴식을 취하다
take breaks

충분히 휴식을 취한
well-rested

상쾌해지다
feel refreshed

몸이 좀 나아지다
feel better

~에서 회복하다, ~(병)이 낫다
get over ~,
recover from ~

1 A Oh, you're so late.

아, 당신 많이 늦었네.

B Yeah, it was a long day and had a lot of work to do. I'm dead on my feet.

응, 너무 바빴고 할 일이 아주 많았어. 쓰러지기 일보 직전이야.

A You must be very tired, especially since you've been working late every day. Please remember to prioritize your health.

정말 피곤하겠다. 특히 매일 늦게까지 일했으니. 당신 건강을 우선순위에 둬야 한다는 걸 기억해요.

2 A Mom, I'm not feeling well, but not sure what's wrong. Maybe I'm coming down with something.

엄마, 저 몸이 안 좋은데 뭣 때문에 그런지는 잘 모르겠어요. 뭐에 걸리려나 봐요.

B Hmm, you don't look yourself today. Oh, you have a fever. It might be a cold. Take this medicine and get some rest, then you'll feel better soon.

흠, 오늘은 평소의 네 모습이 아니구나. 아, 열이 있네. 감기인가 보다. 이 약 먹고 좀 쉬어. 그러고 좀 있으면 나아질 거야.

3 Lately, I have been feeling a bit worn out, so I'm trying to take breaks and get enough sleep. It's only the third day of doing this, but I already feel refreshed and much better today.

최근에 몸이 좀 지치는 느낌이어서 휴식을 취하고 잠을 충분히 자려고 하고 있다. 그렇게 한 지 오늘로 겨우 3일째인데 벌써 상쾌한 기분이 들고 훨씬 나아진 것 같다.

MP3 034

☑ CHECK

My eyes are (**bloodshot**/**watery**).

(피곤 등으로) 순간적으로 ~을 못하다[놓치다]
have a momentary lapse of ~ (memory/concentration/judgement 등)

(당황하거나 피곤하여 잠시) 머리가 멍하다, 헛말이 나오다
have a brain fart(비격식)

(약물 중독 등으로) 멍하다, 정신이 나가다
space out(속어)

어지럽다
feel[be] dizzy, feel light-headed

어지럼증
dizziness

눈이 충혈되다
one's eyes are bloodshot, have bloodshot eyes

눈이 뻑뻑하다
one's eyes are dry

눈에서 눈물이 나다
one's eyes are
watery

(오른쪽/왼쪽) 눈에 뭐가 들어가다
have something in one's (right/left) eye,
there is something in one's (right/left) eye

눈이 따끔거리다
one's eyes feel irritated

눈이 가렵다
one's eyes feel itchy

눈에 다래끼가 나다
have[get] a sty in one's eye

눈에 눈곱이 끼다
one's eyes are
gummed up

눈이 침침하다/침침해지다
one's vision is/gets
blurry

노안
presbyopia, farsightedness
due to old age

노안이 되다, 돋보기안경이 필요하게 되다
come to need reading glasses

* magnifying glass 손잡이 달린 돋보기

콧물이/코피가 나다
have a runny/
bloody nose

코맹맹이 소리가 나다
sound nasal

재채기가 계속 나다
keep sneezing

코가 막히다
have a
stuffy[congested]
nose

이명이 들리다
hear a ringing in the ears,
have tinnitus

외이염에 걸리다
have swimmer's ear

목에 뭔가 걸린 느낌이다
feel a lump in one's
throat

가래가 있다
have phlegm

(마른) 기침이 나다
have a (dry) cough

기침하면서 가래를 뱉다/피를 토하다
cough up phlegm/blood

부정맥
irregular heartbeat,
arrhythmia

숨이 차다
get out of breath

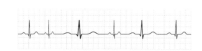

호흡 곤란
shortness of breath,
dyspnea

가슴이 답답하다
one's chest feels
heavy[tight]

숨 쉬기가 어렵다
have trouble breathing

소화틱이 좋다, 위가 튼튼하다/
소화력이 안 좋다, 위가 약하다
have good/poor
digestion

체하다
have an upset
stomach

위경련을 하다
have stomach
cramps

자꾸 트림/딸꾹질을 하다
keep burping
[belching]/hiccupping

메스껍다, 토할 것 같다
feel sick, feel nausea

헛구역질을 하다
feel like throwing up
but nothing comes out,
dry-heave,
retch

차멀미가 나다
feel[get] carsick

멀미가 나다
get motion sickness
(차량, 배 등 교통수단을 이용할 때 겪는 멀미)

토하다
throw up, vomit

먹은 것을 다 토하다
can't keep
anything down

당분간 음식물 섭취를 삼가다
refrain from eating
for a while

가스가 차서 속이 부글거리다
experience
flatulence

설사하다
have diarrhea

만성 변비
chronic constipation

변비(로 고생하고 있)다
be constipated,
have (trouble with)
constipation

급성 맹장염
acute appendicitis

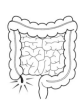

탈모
hair loss

극심한 갈증
raging thirst

영양실조
malnutrition

체중 감소/증가
weight loss/gain

늘 덥다는 느낌
feeling hot all the time

갱년기
climacterium(의학 용어),
menopause(여성),
andropause(남성)

갱년기 증상
symptoms of menopause,
climacteric[menopausal] symptoms

(월경이 아닌) 부정 (자궁) 출혈
metrorrhagia,
abnormal bleeding
between regular
menstrual periods

열감, 갑자기 확 오르는 열기
hot flash
(특히 갱년기 여성의 상반신에
갑작스럽게 일어나는 불쾌한
열감과 발한 상태)

기분이 확확 변하는 증상
mood swings

건망증
forgetfulness

가슴 두근거림, 심계항진
palpitation

근 손실[감소]
loss of muscle mass,
sarcopenia

골다공증
osteoporosis

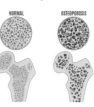

HOW TO USE

① **A** Excuse me, what did you say? I'm sorry to interrupt in the middle of the meeting. I had a momentary lapse of memory.

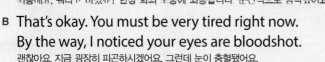

죄송해요, 뭐라고 하셨죠? 한창 회의 도중에 죄송합니다. 순간적으로 깜빡했어요.

B That's okay. You must be very tired right now. By the way, I noticed your eyes are bloodshot.

괜찮아요. 지금 굉장히 피곤하시겠어요. 그런데 눈이 충혈됐어요.

A Oh, really? I didn't realize that, although they felt dry and irritated. I just thought there's something in my eyes.

아, 진짜요? 눈이 뻑뻑하고 가렵긴 했지만 그건 몰랐어요. 눈에 뭔가 들어간 줄로만 알았죠.

B How about we take a short break?

잠깐 쉬는 게 어때요?

A Thank you very much. I'll use some artificial tears and come back in ten minutes.

감사합니다. 인공눈물을 좀 넣고 10분 후에 다시 올게요.

② **A** Doctor, I've been feeling unwell lately, and I think several issues are overlapping. I have a stuffy nose, a ringing in my left ear, a lump in my throat, and a cough. Additionally, my chest occasionally feels tight.

선생님, 요즘 제가 몸이 안 좋았는데, 몇 가지 문제가 겹친 것 같아요. 코가 막히고, 왼쪽 귀에서 이명이 들리고, 목에는 뭐가 걸린 것 같고, 기침도 나요. 게다가 가슴이 가끔 답답하고요.

B Oh, you're going through a difficult time. Let me conduct an examination, including a blood test and an X-ray, to identify the problems.

아, 힘드시겠군요. 제가 피 검사와 엑스레이 촬영도 하고, 진찰을 해서 문제가 뭔지 찾아보지요.

③ **A** Sue, sorry to say this, but I think I should skip lunch today, so can we postpone our lunch to a later time?

수, 미안한데 나 오늘 점심은 건너뛰어야 할 것 같아서. 우리 점심을 나중으로 미룰 수 있을까?

B Sure, but why? Are you not feeling well?

그럼. 그런데 왜? 몸이 안 좋아?

A I have an upset stomach and feel nausea, so it would be better for me to refrain from eating for a while.

체해서 속이 메슥거려. 그래서 당분간은 뭘 안 먹는 게 좋을 것 같아.

4 A Oh, Mom, your face and neck are red!

아, 엄마, 엄마 얼굴이랑 목이 빨개요!

B I'm not sure why I suddenly feel so hot. Let me take a deep breath... and... exhale. Whew.

왜 이렇게 갑자기 더워지는지 모르겠다. 심호흡 좀 할게. 내쉬고. 휴.

A Your face has returned to normal, but now you're sweating. Are you alright?

엄마 얼굴이 지금은 정상으로 돌아왔는데, 이젠 땀을 흘리시네요. 괜찮으세요?

B Yeah, I'll be fine soon. I think it's one of the symptoms of menopause, a hot flash, perhaps.

응, 곧 괜찮아질 거야. 이게 아마 갱년기 증상 중 하나인 열감인 것 같아.

A Oh, I've heard it can be quite challenging to endure. I'll take better care of you, Mom! Please lean on me.

아, 그거 견디기 굉장히 힘들 수도 있다던데요. 제가 더 잘 돌봐드릴게요, 엄마! 저한테 기대세요.

MP3 035

☑ **C H E C K**

chest pain

headache

sore **throat**

backache

stomach ache

~가 아프다
have a(n) ~ache, have a ~ pain,
have a pain in the[one's] ~
(여러 종류의 통증이 있음을 나타내고 싶다면
복수형인 pains로 쓸 수 있음).
be in pain

(아픔의 정도가) 가벼운
light

(아픔이나 상태의 정도가)
격심한, 위중한
severe

급성의 │ 만성의
acute │ chronic

만성 질환/통증
chronic
disease/pain

치통
toothache

두통
headache

흉통, 가슴 통증
chest pain

흉부 압박감, 가슴 답답함
chest tightness

복통, 위통
stomach ache

위경련 stomach cramps	요통 backache	신경통 neuralgia	근육통 muscle[muscular] pain[ache], myalgia
			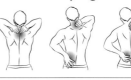

편두통 migraine	관절통 arthralgia	대상포진 shingles	따갑다, 쓰리다 sting

따끔따끔 아프다, 쑤시다 tingle	화끈거리다, 열이 많이 나다 burn	콕콕 쑤시는/화끈거리는 느낌 tingling/burning sensation

욱신거리다, 지끈거리다 throb	욱신거리는 통증 throbbing pain	예리한[날카로운] 통증 sharp pain

격심한 통증 acute pain	찌르는 듯한 아픔 stabbing pain	둔하고 무지근한 통증 dull pain

방사통
radiating pain
(주변의 다른 부위로 퍼지거나
전달되는 통증)

통증이 ~로 퍼지다[뻗어나가다]
one's pain radiates to

만지면 아픈
tender

**피부가 벗겨져[까져서]
쓰라린[따가운]**
raw

머리가 깨질 듯 아프다
have a splitting headache

목이 아프다
have a sore throat

속이 쓰리다
have
heartburn

~가 뻐근하다, 뻣뻣하다
~ be stiff

다리에 쥐가 나다
get a cramp
in one's leg

**아파서 쉬겠다고
(회사에) 전화하다**
call in sick

(하루에 두 번) 약을 복용하다
take medicine
(twice a day)

응급실에 가다
go to the ER
(= emergency room)

링거를 맞다
get an IV
(= intravenous injection)

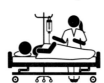

유동식을 먹다
be on
a liquid diet

1

A Honey, my body aches all over, especially my back and belly. I have sharp pains there, and they are radiating to my arms and legs.

여보, 온몸이 아픈데 특히 허리랑 배가 아파. 예리한 통증이 있는데, 그게 거기서 팔다리로 뻗어나가.

B Oh, you look very unwell. When did the pain start?

아, 정말 안 좋아 보이네. 그 통증이 언제 시작된 거야?

A I started experiencing a backache and a burning sensation on my back and belly yesterday. I thought it would improve after getting enough rest, but it's getting worse and more severe.

어제부터 등이 아프기 시작했고, 등허리랑 배에 화끈거리는 느낌이 있었어. 충분히 쉬면 괜찮아질 것 같았는데, 점점 더 아프고 심해져.

B I'm not certain, but could it be shingles? Anyway, we should go to the ER right away.

확실친 않지만 대상포진인가? 어쨌든 바로 응급실에 가야겠어.

2

A Huh? Mom, why are you still sleeping? Didn't you go to work today?

어? 엄마. 왜 아직도 주무세요? 오늘 회사 안 가셨어요?

B I called in sick.

아파서 쉬겠다고 전화했어.

A Are you sick? What's the matter?

아프세요? 어디가 안 좋아요?

B I have a sore throat, headache and stomach ache with heartburn. Don't worry, I've taken some medicine and will feel better soon. Just let me rest, sweetheart.

목도 아프고, 두통도 있고, 속이 쓰리고 배도 아파. 걱정하지 마. 약 먹었으니까 곧 좋아질 거야. 엄마 그냥 좀 쉴게.

7

가족, 인간관계 묘사

FAMILY & RELATIONSHIPS

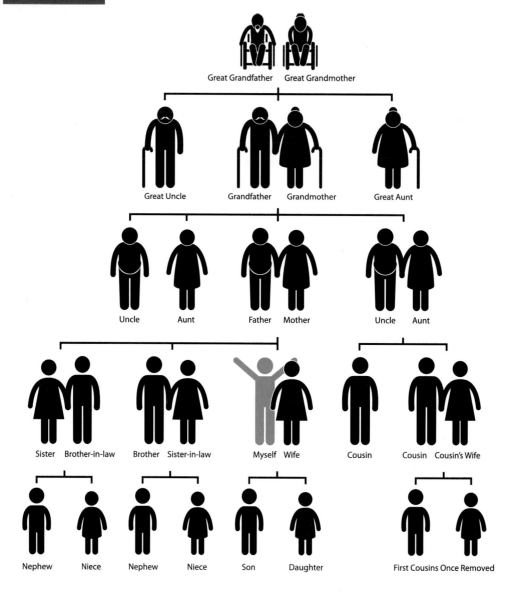

가계도, 족보 **family tree**
직계존속/비속 **lineal ascendant/descendant**
방계 **collateral line**
촌수 **degree of kinship**
배우자 **spouse, one's better[other] half**(비격식, 일상 회화 표현)
형제자매 **sibling**
(손위/손아래) 여자 형제 **(older/younger) sister**
(손위/손아래) 남자 형제 **(older/younger) brother**
맏아들/딸 **the oldest[eldest] son/daughter**
막내아들/딸 **the youngest son/daughter**
친척 **relative**

삼촌, 이모부, 고모부 **uncle**
고모, 이모, 숙모 **aunt**
조카 **niece**(여자), **nephew**(남자)
조부모 **grandparents**
증조부모 **great-grandparents**
고조부모 **great-great-grandparents**
~와 친척 관계이다 **be related to ~**
외가/친가 쪽 친척 **relatives on the mother's/father's side**
사촌 **(first[full]) cousin**
육촌, 재종 **second cousin**(부모님 사촌의 자식)
사촌의 자녀, 종질 **(first[full]) cousin once removed**

혼인 신고를 하다
register one's marriage

입양하다
adopt

부모
parents(단수로 쓰면 부모 양친 중 한쪽을 의미)

양부모
adoptive parents

계부
stepfather
계모
stepmother

(외모가) ~와 닮다
take after ~, resemble ~

~가 집안 내력이다, 유전이다
~ run in the family

(외모가) ~와 똑같이 닮다, 판박이다
be the spitting image of ~(구어), look exactly like ~, be a dead ringer for ~ (속어), look[be] like two peas in a pod

과보호하는, 지나치게 보호하려 드는
overprotective

헬리콥터 부모
helicopter parent
(하늘에 떠 있는 헬리콥터처럼 늘 자녀에게 관심을 기울이고 자녀의 모든 일에 관여하는 부모)

가장
breadwinner

(집안·조직의) 다른 이들과 너무 다른 사람, 말썽꾸러기
black sheep

사랑싸움을 하다
have a lover's[lovers'] quarrel

부부싸움은 칼로 물 베기다.
Lovers' quarrels are soon mended.

마마보이
mama's boy

파파걸
daddy's girl

자식을 무조건적으로 매우 사랑하는 아버지
doting father

결혼으로 맺어진 관계는 -in-law

father-in-law   시아버지/장인

mother-In-law   시어머니/장모

sister-in-law   시누이/동서/올케/처제/처형/새언니

brother-in-law   시아주버니/시동생/저님/매형/제부/형부

uncle-in-law   고모부/이모부/아내나 남편의 삼촌

상대방을 직접 부를 때는 -in-law를 떼고 말해야 한다는 것에 주의하자. 예를 들어 고모부를 부를 때 "Uncle-in-law!" 하지 않는다. "Uncle!"이라고 하든가 이름을 부르는 것이 보통이다.

고조부모 이상의 조상을 칭할 때는?

3rd great grandparents처럼 서수를 앞에 붙인다.

"first cousin once removed"?

removed는 '∼촌인, 세대가 ∼만큼 떨어진'의 의미인데, 나와 같은 세대에서 위나 아래로 얼마만큼 떨어져 있느냐를 나타낸다. 즉 once removed라면 한 세대 위나 아래이고 twice removed라면 두 세대 위나 아래라는 뜻.

A Josh, before I meet your family and relatives at your Mom's birthday party for the first time, could you show me some photos of them?
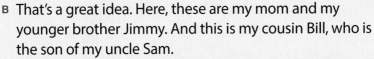
조시, 당신 어머님 생신 파티 때 당신 가족과 친척들 처음 뵙기 전에 그분들 사진 좀 보여줄 수 있어?

B That's a great idea. Here, these are my mom and my younger brother Jimmy. And this is my cousin Bill, who is the son of my uncle Sam.
그거 좋은 생각이네. 여기, 엄마와 내 동생 지미야. 이 사람은 내 사촌 빌이야. 샘 삼촌의 아들이지.

A So, Bill is the son of your mom's younger brother. I remember your mom doesn't have any older siblings.
그러니까 빌이 어머님 남동생의 아들인 거네. 어머님은 손위 형제자매가 안 계시다고 했던 거 기억나.

B Right, she is the oldest and only has one brother, Sam. And here are Bill's wife, Mary, and their daughter, Jackie.
맞아. 엄마가 맏이고 남동생 샘 삼촌 한 분만 계셔. 그리고 빌의 아내인 메리이고, 두 사람 딸 재키야.

A Oh, Jackie is adorable! So, she is your first cousin once removed.
오, 재키 너무 사랑스럽다! 그러니까 재키는 종질이네.

B Yeah, that's correct.
그래, 맞아.

A Jackie really takes after her mom. They look so similar.
재키는 엄마를 정말 닮았다. 둘이 아주 비슷해 보여.

B Yeah, they are like two peas in a pod. Bill is a real doting father. He might fly Jackie to the moon if she asks him to!
응, 아주 똑같이 생겼어. 빌은 정말 자식을 무조건적으로 사랑하는 아빠야. 만약 재키가 달에 데려다 달라고 하면 진짜 그렇게 할걸!

A Haha, that's impressive.
하하, 멋지다.

B Indeed. Bill and Mary always say that they hope to be good parents to Jackie.
정말 그렇지. 빌과 메리는 늘 재키에게 좋은 부모가 되고 싶다고 해.

A I'm sure they will be.
그렇게 될 것 같은데.

B I've heard Mary's parents were like "helicopter parents," so Mary wants to avoid being that kind of parent, although she is grateful for their love and support.
메리의 부모님이 '헬리콥터 부모' 같았다고 하더라고. 그래서 메리는 그런 부류의 부모는 안 되고 싶어 해. 부모님의 사랑과 지원에 감사하긴 하지만 말야.

☑ **CHECK**

(They hit it off with each other. /
Their relationship is on the rocks.)

~를 얼굴로만/이름으로만 알다 know ~ by sight/name

안면[약간의 친분]이 있는 사람, 지인 acquaintance

친한 친구들 무리
one's circle of friends
(보통 같이 다니며 여러 일을 함께하는
가까운 친구들 무리)

(안부를 묻기 위해) ~와 연락하다
check in with ~

(~와) 연락하며 지내다
keep[be, get] in touch
(with ~)

A에게 B를 소개해 주다
introduce B to A, fix[set] A up with B

A를 B와 소개팅을 해주다
set A up with B on a blind date

친한 사이일수록 예의를 지켜라.
Familiarity breeds contempt.
(친근해지면 무례해질 수 있음을 경계하는 속담)

연인/튼튼한/건강한 관계
romantic/strong/healthy relationship

사이가 가까운, 친한
close

친밀한, 남녀가 성적 관계에 있는
intimate

(외모도 똑같이 닮고)
사이가 좋아 무엇이든 함께 하는
like two peas in a pod

껌딱지처럼 붙어 다니는, 매우 친한
joined at the hip

사이좋게 지내다, 잘 어울려 다니다
get along

~가 서로 잘 맞다
~ be a good fit for each other

~가 (궁합이) 잘 맞다, 서로 강하게 끌리다
~ have good chemistry, there is great chemistry between ~

~와 서로 죽이 맞다, 금방 친해지다
hit it off with ~

천생연분이다, 아주 잘 어울리다
be made[meant] for each other, be a good[perfect] match

TIP **like two peas in a pod**

콩 꼬투리(pod)를 까보면 똑같이 생긴 콩들이 나란히 있는 데서 나온 표현이다. 어떤 이들의 외모가 똑같이 닮았다는 뜻뿐 아니라 유대감이 강하고 서로 매우 잘 지내는 (have a strong bond and get along very well), 즉 떨어질 수 없는 관계이면서 서로 비슷한 점이 매우 많다는 뜻까지 내포한다.

그들은 잘 어울린다.
They are[look] good together.

~와 긍정적인 관계를 확립하다
establish a positive relationship with ~

~와의 사이에 신뢰를 쌓다
build trust between[among] ~

기대어 울 수 있는 어깨
a shoulder to cry on
(고민을 들어 주고 위로해 주는 친구)

의심 없는 무조건적인 사랑/신뢰
unquestioning love/trust

~을 아주 잘 알다
know ~ like the palm of one's hand

~을 손안에 꽉 쥐고 있다
have[hold] ~ in the palm of one's hand

상사에게 아첨하다
flatter one's boss,
curry favor with one's boss,
suck up to one's boss(속어),
kiss up to one's boss(일상 회화 표현),
brown-nose one's boss(비격식, 일상 회화 표현),
butter up one's boss(비격식, 일상 회화 표현)

(사정을 다 아는)
자기들끼리만 아는 농담
inside joke

~의 잘못을 한번 눈감아 주다, 넘어가 주다
let[get] ~ off the hook

(~을) 덮어두다, 묻어두다
sweep (~) under the rug

(최근의 말다툼 등으로 상대방을)
침묵으로 일관하며 무시[묵살]하다
give ~ the silent treatment

툭 터놓고 대화하다
talk it out

중재하다, 화해시키다
build bridges
(between A and B)

화해하다
make up with,
patch things up

**눈에서 멀어지면 마음에서도
멀어진다.**
Out of sight,
out of mind.

**(말다툼 등을 겪으며) ~와 관계가
소원[서먹서먹]해지다**
fall out with ~

사이가 멀어지다
drift apart

(일·관계 등이) 소원해지다, 틀어지다
go[turn] sour

미운 놈 떡 하나 더 준다.
Kill them with
kindness.

싸우다
fight(시합·전투에서 싸우거나 주
먹다짐을 하는 경우), argue(말다
툼, 논쟁), quarrel(말다툼)

**(~에) 유감[원한]을 품다,
계속 화가 나 있다**
hold a grudge (against)

**~을 싫어하다,
~에게 유감이 있다**
have something against ~

~에게 책임을 떠넘기다
lay the blame on ~

호되게 꾸짖다, 야단치다
chew out

변명하다, 핑계를 대다
make excuses

~와 애증의 관계이다
have a love-hate
relationship with ~

**관계가 악화하다,
내리막길로 섭어들다**
go downhill, fall apart

(관계가) 파탄 직전이다
be on the rocks

~와 헤어지다
make a break with ~,
break up with ~ (주로 연인 관계에서)

(갑자기 아무 설명 없이 연락을 끊는)
잠수 이별을 하다 | 잠수 이별을 당하다
ghost | be ghosted

~(전 연인)에 대한 미련을 버리다,
~에게서 벗어나(서 떠나)다
move on from ~

이혼하다
get a divorce, get divorced,
divorce

이혼 과정을 겪어내다
go through a divorce

절교하다
be through with

~와 인연을 끊다
cut all ties with ~

(~와) 관계를 끊다
burn one's bridges (with ~)
(다시 강을 건너 돌아가지 못하게 다리를 불태우듯 사람·조직 등과
거의 완전히 관계를 끊는다는 뜻)

A Why the long face? Is it because of Jim?
왜 우울한 얼굴을 하고 있어? 짐 때문이야?

B Wow, you're really good at reading people.
와, 넌 정말 사람 마음을 잘 읽는구나.

A Well, just good at reading you, not everyone.
Tell me, what's the matter?
글쎄, 네 마음만 잘 읽는 거지, 모든 사람 마음이 아니라. 말해 봐, 무슨 일이야?

B Actually, he has not answered my call or called me back
for two weeks.
실은, 2주 동안 그 사람이 내 전화를 받지도 않고, 다시 걸지도 않고 있어.

A Really? Two weeks? That's too long. Have you tried
contacting any of his friends or family?
정말? 2주라고? 그건 너무 긴데. 그 사람 친구나 가족이랑은 연락해 봤어?

B Well, no, not yet. Initially, I was worried about him, but
now I'm starting to wonder if I'm being "ghosted." I feel
terrible and don't know what to do. I never noticed our
relationship was falling apart until he disappeared. If he
wanted to break up with me, he should have said so.
Why did he just vanish without any explanation?
아, 아니, 아직. 처음엔 그 사람이 걱정됐는데, 이젠 내가 '잠수 이별'을 당하고 있는 건가
생각이 들기 시작해. 기분이 너무 안 좋고 뭘 어떻게 해야 할지 모르겠어. 짐이 잠적하기
전까지는 우리 관계가 끝나가는 줄도 알아채지 못했지. 나랑 헤어지고 싶었다면 그렇다고
말을 했어야지. 왜 아무 설명도 없이 사라진 걸까?

A He really sucks! I think that's the worst and most cowardly
thing to do. I can see you're going through a difficult time.
Please try to move on from him.
걔 정말 형편없는 놈이구나! 그건 정말 최악의 가장 비겁한 짓인 것 같아. 네가 힘든 시간을
보내고 있겠구나. 이제 툭툭 털고 그 사람은 잊으려고 해 봐.

B Yeah, I should. Thanks for being a shoulder to cry on.
응, 그래야지. 고민 들어 주고 위로해 줘서 고마워.

CHAPTER

8

날씨, 기후 묘사

WEATHER & CLIMATE

일반적인 날씨·기후 표현

MP3 038

비가 오는
rainy

화창한
sunny

따뜻한
warm

더운
hot

시원한
cool

추운
cold

바람 부는
windy

눈이 내리는
snowy

흐린
cloudy

하늘이
구름 없이 맑은
clear

안개 낀
foggy

비; 비가 오다
rain

소나기
shower

눈; 눈이 오다
snow

진눈깨비
sleet

우박
hail

서리
frost

산들바람, 미풍
breeze

안개
fog

엷은 안개, 박무
mist

연무
haze
(먼지·연기와 섞인 엷은 안개)

천둥, 우레
thunder

번개
lightning

일기도 weather map	한랭전선 cold front
고기압 high atmospheric pressure	온난전선 warm front
고기압권 high-pressure system[area], anticyclone	정체전선 stationary front (온난전선과 한랭전선이 서로 밀고 있음)
저기압 low atmospheric pressure	폐색전선 occluded front (한랭전선이 앞서가는 온난전선과 겹쳐짐)
저기압권 low-pressure system[area]	
이동성 고기압 migrating anticyclone	

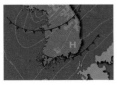 

온화한 날씨
mild weather

구름으로 뒤덮여 해가 보이지 않는
overcast

찌푸린, 음울한
gloomy

진눈깨비가 내리는
sleety

화창하고 쾌적한
sunny and pleasant

활짝 갠, 햇살이 쨍쨍한
glorious

대부분 구름이 낀, 흐린
mostly cloudy

부분적으로[일부] 흐린, 해가 나면서 구름 낀 곳도 있는
partly cloudy

간간이 햇볕
occasional sunshine

부분적으로 햇볕이 나며 간간이/한차례 소나기가 내리는
partly sunny with occasional showers/a shower

구름이 걷히고 해가 나다
clouds give way to some sunshine

(먹구름·안개 등이) 몰려오다
roll in

짙은 안개
thick[dense] fog

아지랑이
heat haze

풍속이 시속 ~ 마일에 달하는
with wind gusts reaching ~ mph

(눈에 비가 내려서 녹은) 진창눈, 진창길
slush

| 쌓이지 않고 가볍게
흩뿌리는 눈
snow flurries | 눈보라
snowstorm | 강한 눈보라
blizzard | 폭우
heavy rain

폭설
heavy snow |

| 보슬비
drizzle, sprinkle,
light rain | 폭풍우
rainstorm | 지나가는 소나기
passing shower | 대기 불안정
atmospheric
instability |

| 큰비와 잦은 번개
heavy rain
and frequent
lightning | 간간이 내리는[산발적인]
소나기
scattered
showers | 가뭄 해갈에 어느 정도
도움이 되다
provide some
drought relief | |

비가 세차게 내리다
rain heavily,
rain cats and dogs
(다소 구식 느낌으로
옛날 영화나 드라마에 많이 쓰임)

번개가 쳤다/번쩍였다
lightning struck/
flashed

여우비,
맑은 날에 오는 비
sun shower

무지개가 뜨다.
There's a rainbow in the sky.,
A rainbow comes out[rises].

잠잠해지다,
점점 잦아들다, 약해지다
die down,
subside

날씨가 개다, 좋아지다
clear up

날이 밝다[동이 트다], (좋던) 날씨가 갑자기 변하다,
바람·폭풍우 따위가 갑자기 일어나다
break

홍수
flooding

호우, 폭우
(torrential) downpour

뇌우, 천둥 번개를
동반하는 폭우
thundershower,
thunderstorm

앞이 안 보이도록 세찬
바람과 함께 내리는 눈
blinding
wind-driven
snow

이상 기후
abnormal climate

지구 온난화
global warming

온실 효과
greenhouse
effect

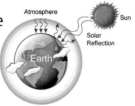

Atmosphere

Sun

Solar
Reflection

Earth

기후 변화/위기
climate change/crisis

극한의 가혹한 날씨
extreme weather
(기후 변화의 영향으로 일어나는,
특정 지역의 계절에 맞지 않거나
이례적인 매우 거친 날씨, 기상 이변)

한대/온대 기후
polar/temperate
climate

열대/아열대 기후
tropical/subtropical
climate

고지 기후
highland
climate

강우량, 강수량
precipitation

TIP **weather, climate**

weather는 '날씨, 기상'을 뜻하는 일반적인 말이다.
climate는 '기후', 즉 어느 지역에서 장기간에 걸쳐, 또는 일반적이고 우세하게 나타나는 날씨 상태를 말한다.

① A Shawn, what are you looking at? Is it a map?
숀, 뭐 봐? 지도야?

B Yeah, this is a "weather map." This shows the weather conditions of a specific area. Here, we have a high-pressure system where the air pressure is high. At its center, it has higher pressure than the areas around it. There is a low-pressure system. Here is an occluded front, where a warm front and a cold front overlap.
응, 이거 일기도야. 이게 어느 특정 지역의 기상 상태를 보여줘. 여기, 기압이 높은 곳인 고기압권이 있어. 고기압권의 중심은 주변 다른 지역보다 기압이 높지. 거긴 저기압권이 있고. 여기는 폐색전선이 있는데, 온난전선과 한랭전선이 겹치는 곳이야.

A You sound really smart, even though I don't understand what you're talking about!
너 진짜 똑똑하다. 무슨 말을 하는 건지는 모르겠지만 말이야!

② Today, we can expect generally mild weather. It will be partly sunny with showers, and then clouds will give way to some sunshine. Tomorrow, we anticipate heavy rain and frequent lightning due to atmospheric instability. The rain is expected to continue for approximately two days, providing some drought relief.
오늘은 전반적으로 온화한 날씨가 예상됩니다. 부분적으로 맑고 소나기가 오다가 구름이 물러나고 해가 나겠습니다. 내일은 대기 불안정으로 인해 큰비와 잦은 번개가 예상됩니다. 비는 거의 이틀간 계속될 것으로 보여 가뭄이 어느 정도 해갈되겠습니다.

③ A When will this rain stop? It's been raining for four successive days, even though it's not monsoon season! Is this a kind of abnormal climate?
이 비는 언제나 그칠까? 4일 연속 비가 오고 있네. 장마철도 아닌데 말이야! 이게 일종의 이상 기후일까?

B I think so. It's no longer a temperate climate, it feels more like a subtropical climate! I believe global warming is worsening, causing this climate change.
그런 것 같아. 이제 더는 온대 기후가 아니야. 아열대 기후에 더 가깝게 느껴지잖아! 지구 온난화가 더 심해져서 이런 기후 변화가 일어나는 거겠지.

A I agree. Anyway, I really hope this rain dies down and weather clears up soon.
그러게 말이야. 어쨌든 이 비가 빨리 잦아들어서 날씨가 곧 개면 정말 좋겠다.

MP3 039

☑ CHECK

(I feel chilly. / It feels hot.)

더위 the heat

더운
hot

매우 더운
scorching(타는 듯이 더운),
boiling(끓는 듯이 더운),
blazing(불타는 듯이 더운)

매우 더운 날
scorcher

덥고 습한
hot and humid

열파, (이틀 이상 지속되는) 폭염
heatwave

숨 막히는 더위
suffocating[stifling]
heat

더위로 인한 탈진, 수무성 열사병
heat exhaustion
(체온은 정상이나 오랜 더위에 지쳐
피로와 쇠약감을 느끼는 상태)

일사병
heatstroke

햇볕으로 입은 화상
sunburn

더위에 강하다,
더위를 잘 견디다
have heat tolerance

더위 때문에 힘들다, 더위 먹었다.
The heat is getting to me.
(일반적으로 힘든 상황),
I'm suffering from heatstroke.
(치료를 받아야 하는 응급 상황)

더위를 많이 타다
be heat intolerant

열대야
tropical nights

(햇볕이 ~에) 쨍쨍 내리쬐다
beat down (on ~)

물을 충분히 마시다
drink enough water

선블록 크림을 바르다
wear[apply] sunblock[sunscreen]

챙 넓은 모자를 쓰다
wear a wide-brimmed hat

헐렁한 옷을 입다
wear loose-fitting clothes

긴팔 셔츠를 입다
wear a long sleeve shirt

자외선 차단 선글라스를 쓰다
wear UV protection sunglasses

옅은 색 옷을 입어서 열과 햇빛을 반사하다
wear light-colored clothes to reflect heat and sunlight

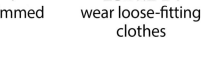

추위 the cold

으슬으슬한, 쌀쌀한
chilly
추운
cold

매우 추운
piercing(뼛속까지 추운),
biting(살을 에는 듯 추운),
freezing(얼어붙을 듯 추운),
arctic(북극처럼 추운)

한파
cold wave

갑작스러운 짧은 추위
cold snap[spell],
a sudden short spell of
cold weather

한파 주의보/경보를 발령하다
issue a cold wave
watch/warning

한파[영하 기온] 경보와 서리 주의보를 발효하다
prompt cold wave[freeze]
warnings and frost advisories

* **freeze** (영국) 한파, (미국) 영하로 내려가는 기온

추위를 많이 타다
suffer from cold
intolerance

실내에 머물다
stay indoors

따뜻하게 지내다,
보온을 유지하다
keep warm

옷을 겹겹이 껴입다
bundle up

옷을 (따뜻하게) 꽁꽁 싸매 입다
wrap up (warm)

옷을 겹쳐 입다
dress in layers

가볍고 따뜻한 옷을
여러 겹 입다
wear several
layers of
lightweight,
warm clothing

장갑, 목도리, 귀마개나 따뜻한 모자와 부츠를 착용하다
wear gloves, scarves,
earmuffs or warm hat and boots

눈에 갇히다
be[get] snowed in

동상
frostbite

저체온증
hypothermia

Welcome to the Midday Weather News. As of 6:30 a.m. today, Monday, the Korean Meteorological Administration has issued cold wave warnings for most of the country. The temperatures in many areas have remained below minus 15 degrees Celsius, and this cold wave is expected to continue until the weekend. Extra precautions are necessary, especially for the elderly and the infirm to prevent accidents and health problems caused by icy roads and freezing weather. Please stay indoors, keep warm, and avoid going out unnecessarily, and when you need to go outside, make sure to wear several layers of lightweight, warm clothing to prevent hypothermia.

'정오의 날씨 뉴스' 시청자 여러분 반갑습니다. 월요일인 오늘 오전 6시 30분을 기해 기상청은 전국 대부분 지역에 한파 경보를 발령했습니다. 기온은 여러 지역에서 영하 15도 이하에 머물고 있으며, 이 한파는 이번 주말까지 계속될 것으로 예상됩니다. 특히 노약자들은 미끄러운 도로와 혹한의 날씨로 인한 사고와 건강 문제를 예방하기 위해 각별한 주의가 필요합니다. 실내에 머물고, 따뜻한 상태를 유지하며, 불필요한 외출을 삼가시기 바랍니다. 외출 시에는 반드시 가볍고 따뜻한 옷을 여러 겹 입으셔서 저체온증을 예방하시기 바랍니다.

MP3 040

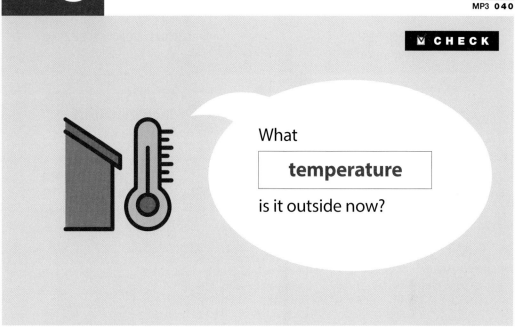

☑ CHECK

What

temperature

is it outside now?

기온, 온도 temperature

어는/녹는 점 freezing/melting[fusing] point

끓는 점 boiling point

실내 온도, 상온 room[indoor] temperature

실외 온도 outside temperature

체감온도 wind chill (factor), feels-like temperature,
sensible temperature(기상학)

최고/최저 기온 the highest[maximum]/lowest[minimum] temperature

평균 기온 average temperature

평균보다 높은/낮은 기온 above/below average temperatures

극심한 고온
extreme high
temperature

섭씨
Celsius

화씨
Fahrenheit

0도
zero degrees

영상 ~도
~ degrees
(above zero)

영하의
minus, below freezing

영하 ~도
minus ~ degrees,
~ degrees below zero,
~ degrees of frost

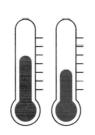

영하의 (기온)
sub-zero (temperature)

섭씨 35도이다.
It's 35 degrees Celsius.

섭씨 영하 15도이다.
It's minus 15
degrees Celsius.

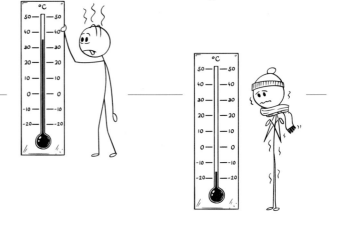

영상으로 올라가다
rise above freezing

영하로 떨어지다
drop below freezing

이상 저온/고온
abnormal low/high
temperature

습도 humidity

습기 찬, 습도가 높은 humid

덥고 습한 공기 hot and humid air

후텁지근한 muggy

습해서 끈적끈적하고 무더운 sticky

눅눅한 damp

습도가 낮다/높다 humidity is low/high

불쾌 지수 temperature-humidity index (THI), discomfort index (DI),
humidex(캐나다에서 주로 사용)

열지수, 체감 기온 heat index(기온과 습도에 따라 사람이 실제로 느끼는 더위를 지수로 만든 것)

1 A Oh, I'm so cold. Is it below freezing today?
아, 나 너무 춥다. 오늘 영하야?

B Yeah, I heard the temperature dropped below freezing this morning, and they say it's below average temperatures. Although the lowest temperature is just minus 2 degrees Celsius, the wind chill is about minus 5 degrees Celsius. Oh, you're shaking even though it's not teeth-chattering cold. Are you okay?
응, 기온이 오늘 아침에 영하로 떨어졌다는데, 평균 기온보다 낮은 기온이래. 최저 기온은 영하 2도지만 체감 온도는 영하 5도쯤 된다네. 어, 이가 떨릴 정도의 추위는 아닌데 당신 몸을 떨고 있네. 괜찮아?

A Well, maybe I have caught a cold or something.
글쎄, 아마 감기나 뭐 그런 거 걸린 것 같아.

B Let me check your temperature. Oh, it's 39 degrees Celsius! Let's go to the hospital.
당신 열 좀 재볼게. 아, 39도야! 병원에 가자.

2 A How can I help you with your hair? Maybe just a trim?
머리를 어떻게 해드릴까요? 조금만 다듬어 드릴까요?

B No. I want a short cut, please.
아뇨. 숏컷으로 해 주세요.

A Really? I remember you said you were going to grow out your hair last time.
정말요? 지난번에 머리 기르실 거라고 했던 기억이 있는데요.

B Oh, you have a good memory! Yeah, I had that plan, but I changed my mind. I cannot bear this hot and humid summer with this
in-between hair length. It's not a bob nor a short cut, so I can't tie my hair up, and that makes me feel really hot. The humidity and heat index are very high these days, you know.
아, 기억력 좋으시네요! 맞아요. 그럴 생각이었는데, 마음을 바꿨어요. 이 덥고 습한 여름을 이 어중간한 길이로는 못 견뎌요. 단발도 아니고 숏컷도 아니라서 머리를 묶을 수가 없으니 너무 더워요. 요즘 습도와 열지수가 정말 높잖아요.

A Absolutely!
정말 그렇죠!

CHAPTER

9

사건·사고 묘사

INCIDENT &
ACCIDENT

☑ CHECK

Firefighters tried to **put out** the fire.

= Firefighters tried to extinguish the fire.

교통 관련 사고 **traffic accidents**	교통사고 **traffic accident,** **car accident**(부주의로 일어난 뉘앙스), **car crash**(자동차 충돌 사고)	

시속 30마일 구간 **30 mph** (= mile per hour) **zone** 	중앙선 **centerline,** **divider**(분리대), **median** (화단 등으로 분리된 경우) 	중앙선을 침범하다, 넘어오다 **cross** (over) **the center** **line**	블랙박스 **dash cam**

사고 현장 **the scene of** **the accident**	(투명하게 얼어붙어 도로와 구분이 어려운) 살얼음, 빙판 **black ice** 	얼음이 얼어 미끄러운 **icy**

250

가벼운 사고
minor accident

가벼운 접촉 사고
fender bender

대형 충돌 사고
major collision

뺑소니 사고
hit-and-run accident

지그재그로 움직이다
zigzag

(차가) ~ 앞으로 끼어들다
pull out in front of ~

마주 오던 차와 충돌하다
collide with an
oncoming car

~의 차를 추돌하다(차의 뒷부분을 치다)
hit the back of one's car,
rear-end one's car

보험회사 직원에게
연락하다
contact one's
insurance agent

(차량 등이) 심한 손상을 입다
be badly damaged

(차가) 완전히 부서지다
be totaled

응급 수술을 받다
undergo emergency
surgery

~ 주변에 여러 개의 싱크홀이 생겼다
a number of sinkholes
showed up around ~

그 도로가 세 시간 동안 폐쇄되었다
the road was closed for three hours

열차가 탈선하다
a train is derailed

비행기가 추락하다
an airplane crashes

A Have you heard about Carlson?
칼슨 소식 들었어요?

B Carlson? No, what happened to him?
칼슨? 아뇨, 그 사람한테 무슨 일 있어요?

A They say he was involved in a car crash last night, and it was more than just a fender bender. It was quite serious.
어젯밤에 차 충돌 사고를 당했는데 그게 그냥 가벼운 접촉 사고 정도가 아니었대요. 꽤 심각했대요.

B Oh, that's terrible!
저런, 어쩐대!

A He collided with an oncoming car that had crossed the centerline.
중앙선을 침범해 마주 오던 차와 충돌했다는 거예요.

B Oh my God!
세상에!

A As a result, he had to undergo emergency surgery and is now in the ICU.
그래서 응급 수술을 받아야 했고, 지금 중환자실에 있대요.

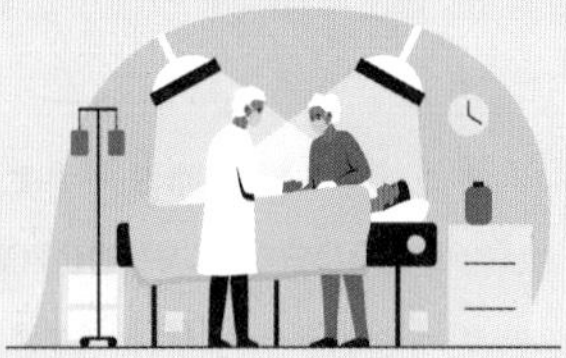

화재 fire

연기 탐지기
smoke detector

화재경보기가 울리다
a fire alarm rings
[goes off]

소화기
fire extinguisher

불이 나다
there is a fire,
a fire breaks out[strikes]

불타고 있는
on fire

(위험한 장소를) 떠나다, 벗어나다
evacuate

코를 찌르는 매캐한 냄새
acrid, smoky smell

(사물들이) 타닥타닥 타는 소리
crackling of burning
objects

불이 붙다
catch (on) fire

불길에 휩싸이다
be consumed by fire
사나운 불
raging fire

전기로 인한 화재
electrical fire

(불이) 번지다
spread

(불이) 인근 건물들로 번지다
spread to nearby
buildings

불길을 잡다
control the blaze

불을 끄다, 진화하다
put out, extinguish

숨을 코로 얕게 쉬다
breathe shallowly
through one's nose

불타는 건물에서 구조되다
be rescued from the burning building

그 외 사고
other accidents

직장 내 사고로 부상을 당하다
be injured in a
workplace accident

건설 현장에서 추락하다
fall from a construction
site

강물에 빠지다
fall into the river

(건물 등이) 무너지다, 붕괴되다
collapse

(건물 등이) 붕괴 직전이다
be on the verge of
collapse

다리 보도의 붕괴
collapse of the
sidewalk bridge

사고의 정확한 원인을 조사하다
look into the exact
cause of the accident

That night, I heard some people shouting and there was an acrid, smoky smell that filled the air. I could hear the sound of breaking windows and the crackling of burning things. The sight of the raging, red fire caused panic and the white smoke grew dark. People gathered around the house with looks of fear and concern. The loud sirens of fire trucks pierced the sky filled with dark smoke.

"Oh, Sally!"

A friend of mine, who lived a block away, rushed over and grabbed my arm.

"I was so shocked to see the fire from a distance and worried that it was your house! I'm sorry for what happened to that house, but I'm relieved to see you're safe."

"Thank you, but I'm so scared. What should we do if our house catches on fire, too?"

The firefighters tried hard to control the blaze, and fortunately, they managed to extinguish the fire before it spread to nearby buildings.

그날 밤, 나는 사람들의 고함을 들었고 공기 중에는 코를 찌르는 매캐한 연기가 가득 찼다. 유리창들이 깨지는 소리와 물건들이 타닥타닥 타는 소리를 들을 수 있었다. 거세게 타오르는 빨간 불길은 공포를 불러일으켰고, 하얀 연기는 검게 변했다. 사람들이 두렵고 염려스러운 표정으로 그 집 주변에 모여들었다. 소방차의 요란한 사이렌 소리가 검은 연기로 가득한 하늘을 갈랐다.
"오, 샐리!"
한 블록 떨어진 곳에 사는 한 친구가 급히 달려와 내 팔을 잡았다.
"멀리서 불을 보고 너무 놀랐고, 그게 너희 집일까 봐 걱정했어! 저 집에 불난 건 유감이지만 네가 안전하니 안심이야."
"고마워. 하지만 너무 무서워. 우리 집에도 불이 붙으면 우린 어떻게 해?"
소방관들은 불길을 잡으려고 애썼고, 다행히 불이 근처의 다른 건물들로 번지기 전에 진화해 냈다.

MP3 **042**

☑ **CHECK**

Where's my wallet?

It is **missing** .

소매치기를 당하다
be pickpocketed

(소매치기를 하려고 하면서)
누군가가 내 가방을 찢었다.
Someone tore my bag
(while trying to pickpocket me).

~이 없어지다
be missing

집에 도둑이 들었다
someone broke into one's house,
one's house was broken into

도난당하다
be stolen

복면한 2인조 강도
two masked robbers

감금하다, 속박하다
restrain

(입에) 재갈을 물리다
gag

범죄를 저지르다
commit a crime

우발적인 범죄
crime of opportunity

계획적인 범죄
calculated crime

사전에 계획된/계획되지 않은 범죄
premeditated/
unpremeditated crime

납치하다, 유괴하다
kidnap

증오 범죄/모방 범죄를 저지르다
commit a hate/copycat crime

'묻지 마' 폭행
unprovoked assault[attack]
(정당한 이유 없이 닥치는 대로 아무에게나 행하는 폭행)

현장에서 ~를 체포하다
arrest ~ on the spot

엽기적인 연쇄 살인 사건
grotesque serial murder

연쇄 살인범
serial-killer

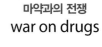

마약과의 전쟁
war on drugs

(가정용) 감시 카메라
(home) security camera

보안 장치를 설치하다
install security systems

경비업체를 고용하다
hire a security company

사기꾼
scam artist,
scammer,
con man[artist]

**~에 희생되다,
~에 당하다**
fall victim to ~

사기를 당하다
be[get] scammed,
fall victim to fraud

사이버 범죄
cybercrime

온라인 사기
online scam

보이스 피싱, 전화 사기
phone scam

피싱 사기
phishing (= private data + fishing) scam
(인터넷·이메일 등을 통해 개인 정보를 알아내
돈을 빼돌림)

스미싱 사기
smishing (= SMS + phishing)
scam
(공공기관을 사칭하며 링크가 포함된 문자를
보내 그 링크를 클릭하거나 앱을 다운받도록
하고, 이를 통해 개인 정보를 알아내 돈을 빼돌림)

전자화폐 사기
cryptocurrency scam

소비자 정보 유출
consumer data breach

랜섬웨어 공격
ransomware attack

성적 학대 스캔들
sexual abuse scandal

치정 범죄
crime of passion

약물 검사 양성 반응을 보인
tested positive for drugs

상습적인 불법 약물 사용
habitual use of illegal drugs

음모론
conspiracy theory

뇌물 수수 혐의에 대해 ~를 수사하다
investigate ~ over bribery allegations

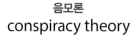

불법 도박에 연루되다
be involved in illegal gambling

부정 채용
illegal employment

배임
breach of trust, malfeasance
(주로 공무원의 배임이나 불법[부정] 행위를 나타냄),
malpractice
(주로 전문 직종에서 행해진 위법[부정, 배임] 행위나 (의사 등의) 의료 과실 사고를 뜻함)

~ 혐의로 기소되다
be charged with ~

~ 혐의를 받다
be accused of ~

횡령 및 배임죄로 징역 5년 형을 선고 받다
be sentenced to
a five-year prison term
[five years in prison]
for embezzlement and breach of trust

HOW TO USE

1 **A** Honey, look at my bag!
자기야, 내 가방 좀 봐!

B Huh? Why is it torn like that? What happened?
어? 왜 그렇게 찢어졌어? 무슨 일이야?

A I was shocked to find it torn after getting off the train. I believe someone tore my bag while trying to pickpocket me in the crowded train.
열차에서 내린 다음에 이게 찢어져 있는 거 보고 너무 놀랐어. 누군가 붐비는 열차 안에서 소매치기하려고 내 가방을 찢었을 거야.

B How terrible! Are you okay? Aren't you hurt anywhere else?
끔찍하다! 자기 괜찮아? 어디 다른 데 다치진 않았고?

A I'm not hurt, but still feel scared. Thankfully, nothing is missing, so it seems the person failed to pickpocket me for some reason.
안 다쳤는데 아직도 무섭네. 고맙게도 아무것도 없어지지는 않았어. 그러니 그 사람은 뭐 때문인지 모르지만 소매치기에 실패한 거지.

2 Last night, there was a burglary in Seoul. Two masked robbers broke into a house and restrained the elderly homeowners, Park and his wife, threatening to harm them if they didn't hand over all the money in their safe. Park, frightened, revealed the password of the safe to the robbers, and they took the money. Just as the robbers were about to leave after gagging the couple, their son and his friends, who happened to be police officers, arrived home and arrested the criminals on the spot. Park's son had been visiting his parents with his close colleagues to celebrate his father's upcoming birthday and he unknowingly gave the best present to his father.
어젯밤 서울에서 강도 사건이 있었습니다. 복면한 2인조 강도가 한 주택에 침입해 노년의 집주인 박 씨와 그의 아내를 결박하고 금고에 있는 돈을 모두 넘겨주지 않으면 해치겠다고 위협했습니다. 겁에 질린 박 씨가 금고 비밀번호를 알려 주자 강도들은 돈을 꺼냈습니다. 강도들이 부부에게 재갈을 물리고 집을 나서려던 때에 마침 모두 경찰관이던 부부의 아들과 친구들이 집에 도착하여 범인들을 현장에서 체포했습니다. 박 씨의 아들은 다가오는 부친의 생일을 축하하기 위해 가까운 동료들과 방문했던 참이었는데, 그는 자신도 모르는 사이에 부친에게 가장 좋은 선물을 한 셈입니다.

❸ A The world is so horrible. Why are unprovoked assaults increasing so much? Should we just stay at home and never go outside?

세상이 너무 흉악해. 묻지 마 폭행이 왜 그렇게 더 많이 발생하는 거지? 그냥 집에만 있고 절대 밖에 나가지 말아야 하나?

B Come on, you can't live like that. Besides, even staying at home doesn't guarantee safety, you know!

이 사람아, 그렇게는 못 살아. 게다가, 집에 있다고 안전이 보장된다는 법은 없잖아!

A Hey, don't scare me! That's why I bought a home security camera the other day.

야, 무서운 말 하지 마! 그래서 내가 저번에 가정용 감시 카메라를 샀지.

B Oh, that's good. I already have one and feel a bit safer.

아, 그거 좋아. 난 이미 하나 있는데 좀 더 안전한 느낌이 들어.

A And we should also be careful not to fall victim to various types of online and phone scams and smishing scams.

그리고 다양한 유형의 온라인 사기, 보이스 피싱이랑 스미싱 사기에도 당하지 않게 조심해야 해.

B You're absolutely right! There are too many bad things to watch out for.

백 번 옳은 소리야! 경계해야 할 나쁜 일들이 너무 많아.

❹ A famous actor has been charged with habitual use of illegal drugs, after having already been involved in a sexual abuse scandal with a couple of young singers and illegal gambling.

한 유명 배우가 이미 어린 몇몇 가수들과의 성적 학대 스캔들과 불법 도박에 연루된 데 이어 상습적인 불법 약물 사용 혐의로 기소되었습니다.

CHAPTER

10

자연재해 묘사

NATURAL DISASTER

☑ CHECK

The strongest hurricanes cause
(moderate / catastrophic) damage.

홍수 flood

억수같이 쏟아지는
비, 호우
torrential rain

뇌우
thunderstorm
(강풍을 동반하고 우박, 번개, 폭우 등을 일으키는 폭풍)

토네이도, 대선풍
tornado
(미국 중남부, 캐나다 남부 등에서 주로
발생하는 강력한 회오리바람. 강풍, 폭우, 우박을 일으킴.)

돌발성[갑작스러운] 홍수
flash flood

불어난/범람하는 강
swollen/overflowing rivers
수위가 빠르게 상승하다
water levels rise quickly

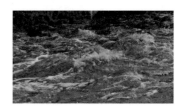

휩쓸어가다
wash away

휩쓸려 떠내려가다
be swept away

홍수 물속에서
자동차 시동이 꺼지다
one's car stalls
in floodwater

집이/도로가 침수되다
one's home/a road is flooded

홍수로 불어난 물이 빠지다
floodwaters recede

열대 저기압
tropical cyclone

사피어–심프슨 등급
Saffir-Simpson Hurricane Wind Scale
(열대 저기압을 풍속에 따라 1등급에서 5등급으로 분류하고 각 경우의 피해를 추정함)

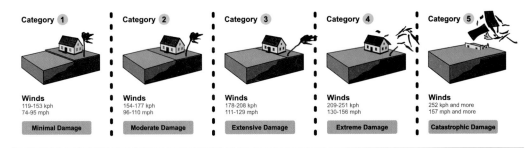

잠재적인 물적 피해를 추정하다
estimate potential property damage

사피어–심프슨 ~ 등급의
categorized as Category ~(1~5까지의 숫자) on the
Saffir-Simpson Hurricane Wind Scale

~등급 태풍
category ~(1~5까지의 숫자) hurricane

최대 지속 풍속이 시속 ~마일인
with maximum sustained winds of ~ mph

(3등급에 근접하거나 그 이상인) 대형 태풍
major hurricanes

약한/미미한/보통의/집중적인/극심한/엄청난/재난과 같은 피해를 일으키다
cause minor/minimal/moderate/extensive/severe/
devastating/catastrophic damage

정전을 초래하다
result in power outage

나무들이 부러지거나
뿌리 뽑혔다
trees were snapped
or uprooted

TIP **typhoon, hurricane & cyclone**

우리가 흔히 '태풍'이라고 부르는 현상은 '열대 저기압(tropical cyclone)'을 말
하는데, 발생하는 지역에 따라 다르게 불린다. 즉, 북태평양 서쪽(the western
North Pacific)에서 발생하면 **typhoon**(태풍), 북대서양과 멕시코 연안에서
발생하면 **hurricane**(허리케인), 인도양이나 남태평양(the Indian Ocean and
South Pacific Ocean)에서 발생하면 **cyclone**(사이클론)이라고 한다.

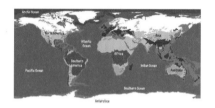

폭설 heavy snow

(보통 한 시간 이내의 집중적인) 눈보라
snow squalls

(지속적이고 심한) 눈보라, 폭풍설
blizzard, severe snow
storm with winds

소낙눈
snow shower

눈사태
avalanche

시야를 좁히다,
앞이 잘 안 보이게 만들다
reduce visibility

도로를 통행 불능으로 만들다
make the roads
impassable

도시를 마비시키다 paralyze a city
며칠간 고립되다 be isolated for days
폭설에 발이 묶이다, 눈에 갇히다 be[get] snowed in

비행기가 결항하다/연착되다
one's flight is cancelled/delayed

Cancelled   Delayed

1

A My sweetie, I'm so sorry to say this, but we can't go camping this weekend.
우리 귀염둥이, 이런 말 해서 정말 미안하지만, 이번 주말에 우리 캠핑 못 가게 됐어.

B Oh, no! Why, Mom? I've been waiting and waiting for this weekend!
으악, 안 돼! 왜요, 엄마? 이번 주말을 얼마나 기다리고 기다렸는데요!

A I know how excited you've been about going camping, but there will be torrential rain this weekend.
네가 얼마나 캠핑 때문에 들떠 있었는지는 알지만 이번 주말에 폭우가 내릴 거야.

B Torrential rain? Is it heavy rain?
폭우? 비가 많이 내리는 건가요?

A Yes, torrential rain refers to very heavy rain. It will be too dangerous to be outdoors when it rains heavily. It can cause flash floods, and swollen rivers can wash away almost everything.

그래. 폭우는 아주 큰비를 가리키는 말이야. 비가 아주 많이 올 때 야외에 있으면 너무 위험할 거야. 갑작스럽게 홍수가 일어날 수도 있고, 불어난 강물이 거의 모든 걸 휩쓸어 갈 수 있지.

B I saw people riding boats in a flooded town on TV before! Why don't they drive cars? It would be faster!
전에 TV에서 사람들이 홍수 난 마을에서 배 타고 다니는 거 봤어요! 왜 차를 몰지 않을까요? 그럼 더 빠를 텐데!

A You can't drive in such deep water. Your car can stall in floodwater, and, more importantly, even a car can be swept away by the strong current if the water gets deeper than 1 foot. In such cases, you should get out of the car and climb onto the car roof.
그렇게 깊은 물에서는 운전을 할 수가 없어. 홍수 물속에서 차가 멈출 수도 있고, 더 중요한 건, 차도 물이 1피트 넘게 깊어지면 강한 물살에 휩쓸려갈 수 있다는 거야. 그런 경우에는 차 밖으로 나와서 차 지붕 위로 올라가야 한단다.

2 The strongest hurricanes, categorized as Category 5 on the Saffir-Simpson Hurricane Wind Scale, have wind speeds exceeding 252 kilometers per hour, and they cause catastrophic damage. Most buildings are destroyed, and roads are wrecked.
사피어–심슨 5등급인 가장 강력한 태풍은 풍속이 시속 252킬로미터를 초과하며 재난과 같은 피해를 일으킨다. 대부분의 건물이 파괴되고 도로도 심각하게 파손된다.

UNIT 2 가뭄, 산불

MP3 044

☑ CHECK

The authorities issued a mandatory **evacuation** order.

가뭄 drought

건기 dry spell
가뭄이 들다 have a drought
극심한 가뭄 severe drought
전례가 없는 가뭄
unprecedented drought

~년만의 최악의 가뭄
the worst drought in ~ years

장기간에 걸친, 오래 지속되는
long-lasting

바싹 마른 땅
parched land

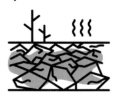

농업에 영향을 끼치다 have impacts on agriculture
곡물 수확이 타격을 받다 grain harvest suffers

심각한 물 부족
severe water shortages

가정의 물 사용량을 줄이다
reduce one's domestic water use

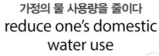

산불
wildfire, forest fire

관목[잡목] 지대의 화재
bush fire

통제가 안 되는 불길
uncontrollable blaze

숨이 막힐 듯한 열기
sweltering heat

강제 대피 명령을 내리다
issue a mandatory evacuation order

산림 전문 소방 요원
smoke jumper

(산불 등 번지기 쉽고 끄기 어려운)
큰불이 번지는 것을 막다, 억제하다
contain a fire

질식
suffocation

다량의 이산화탄소를 방출하다
release large quantities of carbon dioxide

① **A** The price of grain is rising these days.
요즘 곡물 가격이 오르고 있어.

B Maybe it's because of this unprecedented drought. It has had impacts on agriculture, and the grain harvest is suffering.
아마 전례 없는 이번 가뭄 때문일 거야. 그게 농업에 영향을 줘서 곡물 수확에 타격이 있는 거지.

A Why can't we have "just enough" rain? It's either torrential rain or severe drought. It's so harsh.
왜 '딱 충분할 정도의' 비가 못 오는 걸까? 폭우 아니면 극심한 가뭄이잖아. 너무 가혹해.

② **A** How difficult it must be for the firefighters and smoke jumpers! They have been battling that uncontrollable blaze in such sweltering heat for days!
소방관들과 산림 전문 소방 요원들이 얼마나 힘들까! 저런 숨 막히는 열기 속에서 통제가 안 되는 불길과 며칠째 싸우고 있으니!

B Absolutely, they are truly remarkable. As there has not been any rain for a long time. That massive wildfire has been burning for three days.
그러게 말야. 정말 훌륭한 분들이지. 오랫동안 비가 안 내려서 저 어마어마한 산불이 사흘째 타고 있잖아.

A And imagine the hardship faced by the people living near the forest! They had to evacuate their homes unexpectedly. As the fire was really severe, the authorities issued the mandatory evacuation order for their safety.
게다가 저 숲 근방에 사는 사람들이 겪을 고생을 상상해 봐! 예상치 못하게 집을 비워야 했잖아. 불이 너무 심각해서 주민 안전을 위해 당국이 강제 대피 명령을 내렸지.

B Let's hope and pray the fire will be extinguished very soon.
저 불이 빨리 진화되길 바라고 기도해 보자고.

MP3 045

☑ C H E C K

In case of an earthquake:

DROP! **COVER!** **(HOLD) ON!**

지진 earthquake

지진 활동 seismic activity

지진 움직임 seismic event(지축을 흔드는 엄청난 사건이라는 비유의 뜻도 있음)

지진 지대에 있다
be in an
earthquake
zone

환태평양 지진대
the Circum-
Pacific belt,
the Ring of Fire

지진파
seismic
waves
(지진 발생 시
나오는 강력하고
빠른 충격파)

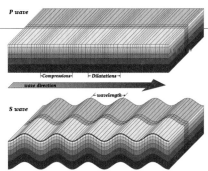

P wave

Compressions *Dilatations*
wave direction
wavelength

S wave

P파 P(Primary) waves
(초속 6킬로미터로 움직이는 가장 처음 나오는 충격파)

S파 S(Secondary) waves
(초속 4킬로미터 정도로 이동하는 두 번째 충격파)

표면파 surface waves
(지구의 표면 위로 이동하며 가장 큰 파괴를 일으키는
마지막 충격파)

지진 규모
Richter (magnitude) scale
(지진 발생 시 일어나는 에너지를 측정한 크기)

진도
seismic intensity
(지진 발생 시 입을 피해 정도를 토대로 정한 등급)

규모 6의 지진
a magnitude 6 earthquake,
an earthquake of magnitude 6

진원
hypocenter
(땅속에서 지진이 가장 먼저 시작된 곳)

진앙
epicenter
(진원의 바로 위 지표면)

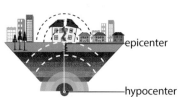

내진 설계가 된 건물
earthquake-resistant building

땅이 흔들리기 시작하다
the ground starts to shake

지진을 느끼다
feel an earthquake

(기는 자세로) 웅크리고, (머리 등 몸을) 가리고, (몸을 보호해 줄 물체를) 붙잡아라.
Drop, cover, and hold on.

창문에서 떨어져 있다
stay away from windows

두 손으로 머리와 목을 보호하다
protect one's head and neck with both hands

치명적이고 손해를 끼치는 지진
deadly and damaging earthquake

대규모의 지진
large-scale earthquake

(사고·전쟁·재난 등의) 사망자 수
death toll

금전적인 손실
monetary losses

여진에 대비하다
be prepared for aftershocks

생명을 위협할 만한 비상사태
life-threatening emergency

해일, 쓰나미 tsunami

(지진) 해일
tsunami, seismic sea wave

사이렌이 울리는 소리를 듣다
hear a siren

쓰나미 주의보/경보를 발령하다
issue a tsunami watch/warning

지진에 의해/해저의 화산 분화에 의해 발생하다
be generated[caused] by earthquakes/ underwater volcanic eruptions

쓰나미 발생을 경고하는 자연 현상에 경계를 늦추지 않다
stay alert to the natural warning signs of a tsunami

잇달아 일어나는 거대한 파도들 a series of giant waves

파열(破裂) wave train
(같거나 유사한 파장을 띠고 같은 방향으로 움직이는 일련의 물결)

땅이 흔들리다 the ground shakes

강한 지진을 느끼다
feel a strong earthquake

바다에서부터 울리는 커다란 굉음
loud roar from the ocean

바닷물이 해안에서 빠져나가
해저 바닥이 드러나다
water recedes from the shore, exposing the ocean floor

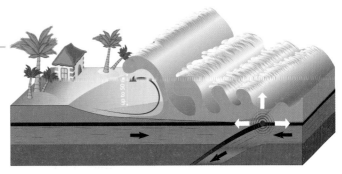

물의 장벽
wall of water

갑자기 치솟거나 떨어지는 바닷물
sudden rise or fall of
the ocean

거센 해류를 일으키다
produce strong
currents

연속적인 파도를 일으키다
cause a series of waves

익사하다
drown

광범위한 피해를 일으키다
cause widespread
damage

온마을을 파괴하다
destroy entire towns

산사태 landslide

이류(산사태로 산허리를 따라
격렬하게 이동하는 진흙의 흐름)
debris flow
(나무, 자동차까지 다같이 휩쓸고 가는 것),
mudflow
(물과 토양만 휩쓸고 가는 것)

낙석
rockfall

화재 후의 산사태/이류
post-fire landslide/
debris flow

해저 산사태
submarine landslide

산사태의 조짐을 인식하다
recognize landslide
warning signs

희미하게 우르릉거리는 소리
faint rumbling sound

땅이 아래쪽으로 기울어지다
the ground slopes downward

땅에 금이 생기다
cracks appear on the ground

물이 지표면으로 새어 나오다
water breaks through the ground surface

화산 분화[폭발]
volcanic eruption

활화산/휴화산/사화산
active/dormant/ extinct volcano

초화산, 슈퍼 화산
supervolcano

(일반 화산의 수천 배에 달하는 분출물을 분화시켜 지구의 기후와 생태계에 영향을 미칠 가능성이 있는 화산)

환태평양 화산대
the Ring of Fire

(활화산들과 지진의 진앙을 연결한 띠)

화산이 분출할 수도 있음을 보여주는 조짐
some indication that a volcano may erupt

화산 불안정 상태의 최초 조짐을 감지하다
detect the earliest signals of volcanic unrest

비상 대응 계획을 작동하다
activate emergency response plans

화산이 분화하다 erupt

마그마 magma(뜨거운 녹은 암석이 지표면 아래에 있는 것)

분기공 fumarole
(화산의 화구 안에서 화산 가스를 분출하는 구멍)

마그마굄
magma chamber
(녹은 암석, 즉 마그마가 저장된 화산 내부의 장소)

화도 vent(화산 분출물의 통로)

분화구 crater

마그마를 분출하는 화산 활동
magmatic eruptive activity

용암 lava(마그마가 지표면 밖으로 나온 것)

용암류 lava flow

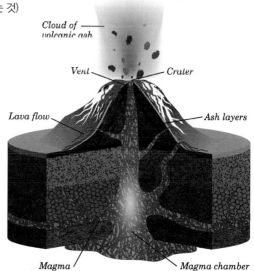

Cloud of volcanic ash

Vent — Crater

Lava flow — Ash layers

Magma — Magma chamber

(화산이) 화산재와 용암을 토해내다
spew ash and lava

부석
pumice
(거품 모양으로 굳은 용암 파편으로 물에 뜸)

테프라
tephra
(화산 분화 시 방출되는
작은 암석 조각·재 등)

화산쇄설류(화산 가스, 화산재, 연기, 암석 등이 뒤섞인 구름이
빠른 속도로 분출되는 현상)에 노출되다
be exposed to a pyroclastic flow

화산재 퇴적물
ash fall

화산재를 들이마시지 않도록 주의하다
be careful to avoid inhaling volcanic ash

화산 분화가 끝났음을 공표하다
declare an eruption is over

1 The most powerful earthquake ever recorded, the Valdivia earthquake, struck the south-central coast of Chile in 1960. It was a magnitude 9.5 earthquake and triggered a devastating tsunami. The exact death toll and monetary losses caused by the earthquake and tsunami remain uncertain, and various estimates of the death toll range between 1,000 and 6,000. The epicenter of this deadly earthquake was near Lumaco, about 570 kilometers south of Santiago, and Valdivia was the most affected city.

사상 가장 강력한 지진인 발디비아 지진은 1960년에 칠레의 중남부 해안을 강타했다. 그것은 규모 9.5의 지진으로, 파괴적인 쓰나미를 촉발했다. 그 지진과 쓰나미로 인한 정확한 사망자 수와 금전적인 손실액은 여전히 명확하지 않으며 사망자 수에 관한 추정치는 1,000명에서 6,000명 사이를 넘나든다. 이 치명적인 지진의 진앙은 산티아고에서 남쪽으로 약 570킬로미터 떨어진 루마코 부근이었는데, 발디비아가 가장 큰 영향을 받은 도시였다.

2 Remember these instructions in case of an earthquake: Drop, cover, and hold on.

지진이 일어나면 이 지시 사항을 기억하세요. 웅크리고, 가리고, 붙잡아라.

3 You need to stay alert to the natural warning signs of a tsunami, as it can strike the coast all of a sudden. If you feel an earthquake while on a beach, immediately evacuate the area and move to higher ground far away from the coast. The water may recede from the shore, exposing the ocean floor, and that is one of the major signs of a tsunami. The receded water will rush back as a massive wall of water approximately 5 minutes afterward.

쓰나미는 갑자기 해안을 덮칠 수 있기 때문에, 쓰나미 발생을 경고하는 자연 현상에 경계를 늦추지 말아야 한다. 만일 해변에 있는 동안 지진을 느끼면, 즉시 그 지역을 피해 해안에서 떨어진 더 높은 지대로 이동한다. 바닷물이 해안에서 빠져나가 해저 바닥이 노출될 수도 있는데, 이것이 쓰나미가 일어날 것임을 알려 주는 가장 큰 조짐 중 하나이다. 빠져나간 물은 약 5분 후에 거대한 물 장벽이 되어 다시 폭주해 올 것이다.

11

시간·빈도 묘사, 비교급 활용 표현

TIME, FREQUENCY & COMPARATIVE

UNIT 1 시간

MP3 046

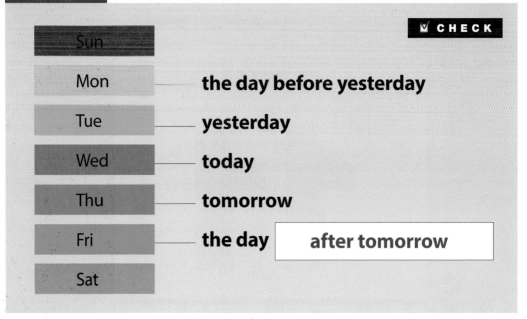

✔ CHECK

Sun	
Mon	the day before yesterday
Tue	yesterday
Wed	today
Thu	tomorrow
Fri	the day **after tomorrow**
Sat	

초 | 분 | 시간
second | minute | hour

1년 | 10년 | 1세기(100년)
year | decade | century

(약 30년 단위의) 세대
generation

인생의 특정 시기, 역사의 특정 시대
age

오랫동안
for ages

순간, 잠시
moment

어제 | 오늘 | 내일
yesterday | today | tomorrow

엊그제 the day before yesterday

모레 the day after tomorrow

며칠 전[얼마 전]에/며칠 전[얼마 전] 밤에
the other day/night

일주일 전에 | 지난주에 a week ago | last week

(현재 시점에서) ~일 전 ~ days ago

지난주에 | 지난달에 | 지난해에
last week | last month | last year

이번 주에 | 이번 달에 | 올해에
this week | this month | this year

이번/다음 주 중에
sometime this/next week

(현재 시점에서) ~일 후 in ~ days, ~ days from now

~일 동안 for ~ days

지금 now

이따가 later

즉시, 바로 immediately, right now[away]

지난 ~ last ~

늦게, 늦은 late

최근에, 요즘에
lately(과거부터 현재까지 이어지는 반복적이거나 지속적인 일을 나타낼 때 사용),
recently(최근에 있었던 한 사건에 관해 말할 때 사용),
these days(현재의 어떤 상황이 미래에도 이어질 것으로 예상된다는 뉘앙스)

현재, 지금 currently   곧, 금방 momentarily

곧 soon   조만간, 머잖아 sooner or later

지난번에 ｜ 이번에 ｜ 다음에
last time ｜ this time ｜ next time

그때 at that time, then

아까 (아침에/오후에) earlier (this morning/afternoon)

(아무리) 빨라봤자, 일러봤자 at the (very) earliest[soonest]

(아무리) 늦어도 at the latest

최신 소식이나 정보 the latest(비격식, 일상 회화 표현)

미래에, 장차 in the future

금방, 당장 in a minute

잠시 for a second

제시간에, 늦지 않고 on time

시대에 뒤떨어진, 쓸모없는 out of date(≠ up to date)

되풀이하여, 반복해서, 자주 time after time

동시에 at the same time

시간이 갈수록 as time goes by, over time

날이 갈수록, 나날이
as days go by, with each passing day, day by day

TIP ~ 전에 earlier, before & ago

earlier는 과거의 특정 시점에 어떤 일이 일어났다는 것을 표현하는데, 얼마나 오래전에 일어난 일인지까지는 나타내지 않는다. 또 회화에서 '아까'라는 의미로 많이 쓴다.

I woke up earlier than usual this morning. 오늘 아침엔 평소보다 일찍 잠이 깼다.

I lost the book you gave me earlier this morning. 아까 아침에 네가 준 책 잃어버렸어.

before는 어떤 일이 특정한 시점 이전에 일어나는 것을 표현한다.

I go swimming before lunch. 난 점심 먹기 전에 수영하러 가.

ago는 어떤 일이 얼마나 오래전에 일어났는지를 보여준다.

They moved to London a year ago. 그 사람들은 1년 전에 런던으로 이주했다.

시계 clock, watch	벽/탁상/뻐꾸기시계 wall/table/cuckoo clock	대형 괘종시계 grandfather clock, grandmother clock (grandfather clock의 2/3쯤 되는 크기)

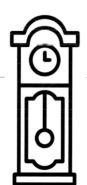

시계 바늘 hands of a clock
초/분/시침 second/minute/hour hand
시계추 pendulum
무소음 시계 silent non-ticking clock
시계 알람을 6시에 맞추다
set the alarm for 6 o'clock

정말 오랜만이다. Long time no see.

아주 즐거운[재미있는] 시간을 보내다 have a whale of a time

시간만이 말해 줄 것이다. Only time will tell.
(시간이 지나야 진실인지 아닌지, 또는 답이 무엇인지 알 수 있을 것이다.)

시간이 약이다. Time heals all wounds.

시간이 쏜살같다, 세월이 빨리 간다. Time flies.

TIP **a million times, for ages**

'~하라고 수천, 수백 번 말했잖아!'라든가 '그 말 백만 번 들었으니 그만 좀 해라', '천 년 동안 기다렸다고!'라고 하고 싶을 때 딱 맞는 영어 표현들이 있다. I've told you that a million times./I've heard that a million times. 처럼 a million times를 써서 지금까지 그만큼 여러 번 말했거나 들었다는 뜻을 과장하여 전달할 수 있다. 또 I've been waiting for it for ages.처럼 for ages를 사용하여 '아주 오랫동안' 무언가를 했음을 표현할 수 있다.

MP3 047

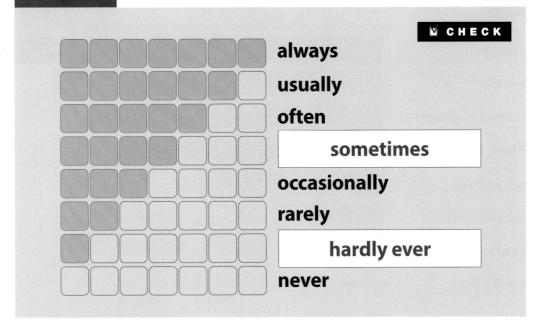

CHECK

always

usually

often

sometimes

occasionally

rarely

hardly ever

never

빈도 frequency

극히 드물게 once in a blue moon

평생 단 한 번의 기회/경험 once-in-a-lifetime chance/experience

정기적으로 regularly

날마다, 매일의 daily

주마다, 매주의 weekly

달마다, 한 달에 한 번의 monthly

해마다, 1년에 한 번씩 있는 yearly, annually

분기별로, 연 4회의 quarterly

한 번 once

두 번 twice

세 번 three times(세 번부터는 기수+times로 횟수 표시)

한 달에 한 번 once a month

일 년에 두 번 twice a year

하루에 세 번 three times a day

격주로 every other week, every two weeks

매일 every day, daily

매일 아침에/저녁에/밤에 every morning/evening/night

매주 일요일마다 every Sunday, on Sundays

자주, 대개 more often than not

가능한 한 자주 as often as possible, as often as 주어 can

늘, 항상 all the time, always

때때로 every now and again, from time to time, sometimes, every now and then

가끔, 이따금 once in a while, occasionally

자주 쓰이는 빈도 부사 ADVERBS OF FREQUENCY

always	100%
usually	90%
normally, generally	80%
often, frequently	70%
sometimes	50%
occasionally	30%
rarely	10%
hardly ever	5%
never	0%

비교급 활용 표현

많을수록 더 좋다. 다다익선
The more, the better. More is always better.

사람이 많을수록 더 좋다[즐겁다].
The more, the merrier.

클수록/작을수록 좋다.
The bigger/smaller, the better.

빠를수록/이를수록/어릴수록/적을수록 좋다
The sooner/earlier/younger/less, the better.

빠를수록 더 멀리 간다.
The faster, the farther.

더 ~ 해지다
grow[get, become] + 형용사 비교급

더 ~하다
동사 + more and more

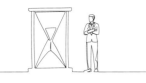

아무리 많아도 충분하지 않다.
Too much is never enough.

질보다 양.
Quantity over quality.

1 I haven't seen my grandmother for ages, so I miss her. I'll visit her sooner or later, hopefully some time next week, at the latest.

할머니를 아주 오랫동안 못 뵈어서 몹시 뵙고 싶다. 조만간, 아무리 늦어도 다음 주중 언제 찾아뵈어야겠다.

2 Billy, my husband, came home late from work last night. He has been so busy lately, and I'm worried about his health. I've heard people don't work such long hours these days, but he does.

남편 빌리가 어젯밤에 직장에서 늦게 돌아왔다. 남편이 최근 매우 바빴는데, 남편 건강이 걱정된다. 듣기로 요즘에는 사람들이 그렇게 장시간 일하지 않는다는데 남편은 그런다.

3 The employees of that company don't work in the company building. They work from their home offices and only meet in person once a month. And each team has daily meetings using a chat application three times a day. This way, the company can save office expenses, and the employees can save their energy and time.

그 회사 직원들은 회사 건물에서 일하지 않는다. 그들은 각자 집에서 일하고 한 달에 한 번만 실제로 만난다. 그리고 각 팀은 채팅 앱을 이용해 하루에 세 번 일간 회의를 한다. 이런 식으로, 회사는 사무실 운영비를 절약하고 직원들은 에너지와 시간을 절약할 수 있다.

4 A Will you invite Charles and Mary to the party?

찰스와 메리도 파티에 초대할 거야?

B Of course, and Julia and her family as well. The more, the merrier.

그럼. 줄리아와 그 가족도 초대할 거야. 사람이 많을수록 즐거운 법이니까.

A Then we should prepare much more food than last time.

그럼 음식을 지난번보다 훨씬 더 많이 준비해야겠네.

B Absolutely, the more, the better.

그렇지. 음식은 많을수록 좋지.

CHAPTER

12

풍경, 분위기 묘사

LANDSCAPE & ATMOSPHERE

도시

MP3 **048**

The Statue of Liberty is

an **iconic** structure

in New York City.

The Eiffel Tower is

an **iconic** structure

in Paris.

cosmopolitan cities

대도시, 주요 도시
metropolis

국제적인[세계적인] 도시
cosmopolitan city

다양한 사람들[주민]
diverse population
(인종, 민족성, 언어, 사회경제적 지위
등이 다양한 인구 구성)

(여러) 문화들의 용광로
melting pot of cultures

독특하고 역동적인 사회[공동체]
**unique and dynamic
community**

너무 붐비는, 사람들로 넘쳐나는
overcrowded

정신없이 바쁘게 돌아가는, 부산한
frenetic, hectic

붐비는
busy

혼란한, 무질서한
chaotic

고전적이고 진기한 멋이 있는
quaint

인도(人道)
sidewalk(미국에서 선호),
pavement(영국에서 선호)

보행자
pedestrian

가두 판매소, 노점상
street vendor

전형적인 도시 사람,
도회 물이 든 사람
city slicker

(이곳저곳을)
걸어서 다닐 수 있는 도시
walkable city

아침/저녁 시간의
혼잡함
morning/evening rush

도시의 요란한 소음
din of the city

자전거 타는 사람 **cyclist**
오토바이 타는 사람 **motorcyclist**

차량 사이로 들어갔다 나왔다 하다,
차량 사이를 이리저리 누비며 다니다
weave in and out of traffic

북적대는 도시의 거리
bustling city streets

관광객들로 북적대는
**bustling
with tourists**

차량 경적 소리와 북적이는 사람들
**cars honking and
bustling crowds**

도시 생활의 분주함
the hustle and bustle of city life

활기가 넘치는 도시
vibrant city

활기 없는 도시
**lifeless[dull]
city**

우뚝 솟은 고층 빌딩들
towering skyscrapers

콘크리트 정글, 빌딩 숲
concrete jungle

명소, 명물, 인기 있는 구경거리
attraction

상징이 되는 구조물
an iconic structure

역사적인 기념물들
historic monuments

시티뷰가 보이는 방을 예약하다
reserve a room with a city view

가로등
streetlight, streetlamp

야경
nightscape, night scenery

짜릿한[흥분되는, 신나는]/ 생기 있고 활동적인 분위기
electric/lively and energetic atmosphere

도시 거리가 다이아몬드처럼 반짝이고 있다.
City streets are sparkling like diamonds.

활기찬 밤 문화[유흥, 오락]
vibrant nightlife

(밤에) 여러 술집[클럽]을 다니며 [밤 문화를 즐기며] (떠들썩하게) 놀다
paint the town red

TIP **street, avenue & boulevard**

street는 거주 지역의 도로를 말하며, **avenue**는 street와 직각을 이루는 도로로 주로 상점·기업들이 들어서 있다.
boulevard는 보통 양옆에 가로수가 늘어서 있고 중앙분리대도 있는 다차선으로, 많은 교통량을 소화하는 도로이다.

① A New York City is a vibrant cosmopolitan city, and its diverse population and melting pot of cultures have created a unique and dynamic community.
뉴욕은 활기가 넘치는 세계적인 도시로, 이곳의 다양한 사람들과 문화들이 한데 어우러져 하나의 독특하고 역동적인 지역 공동체를 이루어냈다.

② A I heard you're going on a business trip to Paris.
파리로 출장 가실 거라고 들었어요.

B Yes. I've always wanted to see the Eiffel Tower, an iconic structure in Paris, in person someday. Finally, I can get the chance to do it this time. Although it's a business trip, I'll spare some time after work.
네. 전 늘 파리의 상징적 구조물인 에펠탑을 언젠가는 직접 보고 싶었거든요. 드디어 이번에 그럴 기회가 생겼네요. 출장이긴 하지만 일 끝나고 시간을 내려고요.

A You should really do that! I'd like to recommend you to take the Seine River sightseeing cruise at night and enjoy the beautiful nightscape. The ship passes by major attractions and iconic structures in Paris, such as the Eiffel Tower, Louvre, Musée d'Orsay and Notre-Dame Cathedral. The cruise departs from Pont Neuf, the oldest bridge in Paris.
정말 그러셔야 해요! 전 밤에 센강 유람선을 타서 아름다운 야경을 즐기시라고 권하고 싶어요. 그 유람선이 에펠탑, 루브르 박물관, 오르세이 미술관과 노트르담 대성당 같은 파리 주요 관광지와 상징적인 구조물들을 지나가거든요. 유람선 출발은 파리에서 가장 오래된 다리인 퐁네프에서 해요.

B That sounds fantastic! Thank you so much for the information. I'll surely take the cruise.
정말 멋지겠어요! 정보 주셔서 고마워요. 꼭 그 유람선 탈게요.

A I went there two years ago and enjoyed that cruise so much. And I had reserved a room with a city view then, and it turned out to be a great choice. I was really pleased to see the city streets sparkling like diamonds!
저는 거기 2년 전에 갔는데 그 유람선이 정말 좋았거든요. 그리고 그때 시내 전망이 보이는 방을 예약했는데 결과적으로 탁월한 선택이었죠. 도시 거리가 다이아몬드처럼 반짝거리는 걸 보니 얼마나 좋던지요!

MP3 **049**

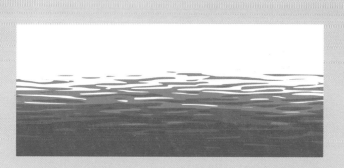

(rippling / rough) waves

해안 도로 coast[coastal] road	그림 같은, 그림처럼 아름다운 picturesque	숨 막히게 아름다운 광경 breathtakingly beautiful sight

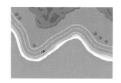

아름다운 해안선
beautiful coastline

모래 사장
sandy beach

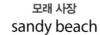

자갈 해변
pebble beach

반짝이는 바다
sparkling sea

(바다가) 햇빛 속에서 일렁이다
shimmer in the sunlight

물보라
(clouds of)
spray

파도가 해변으로 (철썩이며) 밀려드는 소리
sounds of the waves lapping the shore

(바다의) 거품, 포말
spume, foam

별이 빛나는 바다
starlit sea

잔물결이 이는
rippling

(파도가) 심한
rough

부서지는 파도
breaking waves,
white-topped[capped] waves
(거품으로 윗부분이 하얀 파도),
white horses(영국. 거품으로 윗부분이 하얀 파도)

거대한 파도
enormous waves

굽이치는[출렁이는] 파도
rolling waves

무섭게 밀려오는 큰 파도
roaring waves

바다가 몹시 거친, (파도와 바람이) 사나운
turbulent

끝없는, 무한한
endless

자연 그대로의, 오염되지 않은
pristine

천연 호수 natural lakes	인공 호수 artificial lakes, reservoirs	육지로 둘러싸인 surrounded by land

연못보다 훨씬 크고 깊은 much larger and deeper than ponds	잔잔한, 고요한, 평화로운 serene, calm, still	수정처럼 맑은 crystal-clear

넋을 잃게 만드는 황홀한 풍경
enchanting view

TIP view, landscape, sight & scenery

view는 창가나 산의 정상 등 어느 특정 지점에서 보이는 풍경을 일컫는다.

The view from this balcony is incredible. 이 발코니에서 보이는 풍경이 정말 끝내준다.

landscape는 산이나 강, 숲 등의 자연뿐 아니라 건축물이나 도로 등을 포함한 풍경을 말한다. 경치가 좋든 아니든 상관없이 쓸 수 있으며, '풍경화'라는 의미가 될 때도 있다.

The alpine landscape was breathtaking. 높은 산의 풍경은 숨이 멎을 정도로 멋졌다.

sight는 우리 눈이 보는 광경을 말하는데, 어떤 한 대상에서 전체적인 장면까지 두루 표현할 수 있다.

It was a spectacular sight. 정말 장관을 이루는 광경이었다.

scenery는 전체적인 외양이나 특히 그림처럼 멋진 경치를 말할 때 쓸 수 있다. '무대 배경'의 의미로도 쓰인다.

I stopped and admired the beautiful scenery. 나는 멈춰서 아름다운 경치에 탄복했다.

1 If you have a chance to visit the island, I strongly recommend driving along the coastal road. Trust me, you won't regret it. You'll encounter picturesque and breathtakingly beautiful sights along the way. The cool breeze, clear blue sky, and sparkling waves will make you feel comforted and free.

그 섬에 갈 기회가 있다면 해안도로를 따라 차를 달려 볼 것을 강력히 권한다. 날 믿고 해 보면 후회하지 않을 것이다. 그 도로를 따라 숨 막히게 아름다운 그림 같은 광경을 만나게 될 것이다. 시원한 산들바람, 맑고 푸른 하늘, 그리고 반짝이는 물결에 위안을 얻고, 자유로움을 느낄 것이다.

2 One night, the beautiful mermaid princess fell in love with a handsome foreign prince at first sight when she saw him standing on a giant ship. Out of nowhere, it started to rain, and the rain quickly intensified, turning into a rainstorm. The rippling waves transformed into rough, enormous rolling waves. The turbulent sea tossed the giant ship like a small toy with its roaring waves.

어느 날 밤, 아름다운 인어공주는 다른 나라의 잘생긴 왕자가 거대한 배 위에 서 있는 모습을 보고는 첫눈에 사랑에 빠져 버렸어요. 갑자기 비가 내리기 시작했는데, 비는 금방 거세져서 폭풍우로 변했어요. 잔잔한 물결은 거칠고, 거대하게 굽이치는 파도로 변했어요. 사나운 바다는 무섭게 밀려드는 큰 파도로 그 거대한 배를 마치 작은 장난감처럼 집어 던졌어요.

3 I have fond memories of a lake. When I was young, I lived with my grandparents in the countryside, and there was a beautiful natural lake in the nearby forest. I used to go to the lake almost every day with my friend Becky, who lived next door to my grandparents. The lake was like a hidden gem and soon became our secret sanctuary. The fresh green plants, big trees, chirping birds, and crystal-clear, serene water created an enchanting view.

내겐 호수에 관한 좋은 추억이 있다. 어렸을 때 시골에서 조부모님과 함께 살았는데, 그 근처 숲에 아름다운 천연 호수가 있었다. 나는 조부모님 댁 옆집에 살던 내 친구 베키와 함께 거의 매일 그 호수에 가곤 했다. 마치 숨은 보석 같은 그 호수는 곧 우리의 비밀스러운 안식처가 되었다. 싱싱한 초록빛 식물, 커다란 나무들, 지저귀는 새들, 그리고 수정처럼 맑고 잔잔한 물이 황홀한 풍경을 빚어냈다.

☑ CHECK

(barren / verdant)

울창한 숲
dense[thick] forest

나무와 식물들로 뒤덮인
covered with trees and plants, wooded

푸릇푸릇한, 신록의, 초록색의
verdant

'피톤치드 샤워'를 체험하다
experience "forest bathing"

숲속 오솔길을 거닐다
stroll down a path through a forest

고요하고 평화로워 보이는
serene

목가적인, 전원풍의
idyllic

손상[훼손]되지 않은
unspoiled

자연[원래] 그대로의
pristine

야생의, 자연 그대로의
wild

그림 같은
picturesque

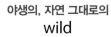

경치가 좋은
scenic

외딴 벽지의, 시골 구석의
out-of-the-way

사람의 발길이 닿지 않는
off the beaten path[track]

황량한, 황폐한, 적막한
desolate

척박한, 불모지의
barren

1 A I plan to live in the countryside when I get older. City life is too busy and hectic, isn't it?

난 더 나이 들면 시골에서 살 거야. 도시 생활은 너무 바쁘고 정신없잖아, 안 그래?

B Oh, well, I prefer city life to country life, though.

아, 글쎄. 그래도 난 시골에 사는 것보다는 도시 생활이 더 좋아서.

A Do you? I enjoy a life in nature. Just imagining a dense forest covered with verdant trees and plants makes me feel so refreshed. When you stroll down a path through a forest, you can experience "forest bathing!" How wonderful would it be to live in a serene, idyllic, and picturesque village in the country, surrounded by an unspoiled, pristine forest?

그래? 난 자연 속 삶이 좋아. 푸르른 나무와 식물로 뒤덮인 울창한 숲을 상상만 해도 정말 상쾌해져. 숲속 오솔길을 따라 천천히 걸으면 '피톤치드 샤워'도 경험할 수 있다고! 훼손되지 않은 자연 그대로의 숲으로 둘러싸인 시골에서 조용하고, 목가적이고, 그림 같은 마을에 산다면 얼마나 멋지겠어?

B Well, if there's an unspoiled, pristine forest, that will be an out-of-the-way place, off the beaten path, without any "picturesque village" but only your solitary house. Wouldn't it be a bit scary to live alone in such a place when you're old? And there would be various wild animals, bugs, and worms, too!

글쎄. 훼손되지 않은 자연 그대로의 숲이 있다면 외딴 벽지의, 사람 발길이 닿지 않는 곳일 테니 '그림 같은 마을'은 없고 '나 홀로' 네 집 한 채만 있겠지. 늙어서 그런 곳에 혼자 살면 좀 무섭지 않겠어? 그리고 여러 야생동물과 곤충이랑 벌레들도 있을 거고!

MP3 051

☑ CHECK

We'll climb up a **(steep / gentle)** slope.

장엄한 majestic	웅장한 grand	경외심을 불러일으키는 awe-inspiring

위협적인, 겁나게 하는 intimidating	가파른, 깎아지른 듯한 steep	완만한/급경사 gentle[gradual]/steep slope

바위투성이의, 울퉁불퉁한 rugged	바위로 된, 바위[돌]투성이의 rocky	우뚝 솟은 산봉우리 towering peak

봉우리가 눈에 덮인 산
snow-capped mountain

가늠도 안 되는
[상상조차 할 수 없는, 놀라운]
크기나 규모
inconceivable scale

산 정상에 도달하다
reach the summit of the mountain
[mountain peak]

파노라마 같은[멀리까지 보이는]
풍경, 전경
panoramic view

숨이 멎도록 아름다운
breathtaking

깜짝 놀랄 정도로 멋진
stunning

장엄한/웅장한/너무나 멋진 일출
glorious/splendid/stunning
sunrise

장엄한/웅장한/너무나 멋진 일몰
glorious/splendid/stunning
sunset

~ 위로 떠오르는 일출
the sunrise over ~

산을 배경으로 ~ 위로 지는 해
the sun setting on ~
with the mountainous
backdrop

계곡
valley
(언덕이나 산들 사이에 있는 낮은 지형.
협곡에 비해 가파르지 않음.)

협곡
canyon, (>) gorge, (>) ravine(gorge보다 작고 좁음)

강 계곡[하곡]
river valley
(강이 흐르는 계곡)

빙하곡
glacial valley
(빙하의 침식 작용으로 생긴 계곡)

산들로 둘러싸인 계곡
valley surrounded by mountains

나무가 우거진 계곡
wooded valley

계곡의 바닥
valley floor

산속의 개울, 시내 mountain streams
작은 개울이 졸졸 흐르는 소리 babbling brook sound

폭포
waterfall('폭포'를 뜻하는 일반적인 말),
cascade(작은 폭포),
cataract(크고 가파른 폭포)

폭포수처럼 떨어지다
cascade down

세차게 흐르는 물소리
rushing water sounds

장관, 굉장한 광경
spectacle

장관을 이루는, 구경거리가 될 만한
spectacular

엄청난 높이에서 떨어져 내리는 물
the water tumbling down from a great height

포효하는 듯한
roaring

넋을 빼놓는
mesmerizing

천둥 같은 굉음을 일으키다
create a thunderous roar

격류
raging torrent

❶ Looking up at the towering peak of the mountain, we murmured,
"Awe-inspiring."
"Really intimidating."
"Could we ever climb that grand, rugged mountain?"
"It won't be steep. There will be some gentle slopes, too, so let's go."
After a long, thigh-burning, sweaty and gasping walk and climb,
we finally reached the mountain peak!
"Look at the stunning panoramic view!"
"It's truly breathtaking! I feel like I'm dreaming."
"It's so beautiful that I feel like crying!"
Our sweat had been dried by the cool and
refreshing mountain wind.

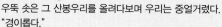

우뚝 솟은 그 산봉우리를 올려다보며 우리는 중얼거렸다.
"경이롭다."
"진짜 위압감이 느껴져."
"우리가 저 웅장한 바위투성이 산을 정말 오를 수 있을까?"
"가파르지는 않을 거야. 경사가 완만한 곳도 있을 테니까 가자."
허벅지가 불타오르고, 땀나고, 숨을 헐떡이게 되는 긴 걸음과 등반 끝에 우리는 마침내 산 정상에 도달했다!
"사방이 탁 트인 멋진 광경 좀 봐!"
"진심 숨 막히게 아름다워! 꿈을 꾸는 기분이야."
"너무 아름다워서 울고 싶어져!"
시원하고 상쾌한 산바람이 우리 땀을 말려 주었다.

❷ **A** Have you been to Niagara Falls?
나이아가라 폭포 가 봤어?

B Yes, three years ago when I was in Canada.
응, 3년 전에 캐나다에 있을 때.

A I'm going to visit there this summer and I can't wait!
나 이번 여름에 거기 갈 건데, 얼른 가고 싶어서 못 견디겠어!

B Oh, you'll love it and never forget the spectacle! Standing in front
of it, I couldn't think or do anything; I was just frozen. The water
tumbling down from a great height created a thunderous roar, and
it was truly mesmerizing. I wasn't sure if it was real or just fantasy.
오, 너 거기 정말 좋아할 거고 그 장관을 절대 잊지 못할걸! 그 앞에 서서 난 아무 생각도, 아무것도 못했어.
그냥 얼어붙은 듯 꼼짝도 못했어. 엄청난 높이에서 곤두박질쳐 내려오는 폭포수에서 천둥소리가 나는데,
완전히 넋이 나가더라. 그게 현실인지 환상인지도 모르겠더라고.

A Oh, I felt the same when I visited the Grand Canyon. Its
inconceivable scale and spectacular beauty made it look like a
fantasy!
아, 나도 그랜드캐니언 갔을 때 똑같이 느꼈어. 도저히 가늠도 안 되는 그 광대한 크기와 웅장한 아름다움 때문에
꼭 환상 같았어!

☑ **CHECK**

It feels creepy and (**spooky** / **cozy**).

분위기
atmosphere, vibe,
ambience

아늑한, 포근한
cozy
편안한
comfortable

내 집처럼 편안한
homey

내 집처럼 편안하고 친근한 곳
home away from home

한가로운, 느긋한
laid-back, relaxed

시골풍의, (가구·건물 등) 통나무로 만든,
투박한
rustic

따뜻이 맞이하는, 친절한
welcoming

전통적인
traditional

도시적이고 현대적인 분위기
urban and modern vibe

세련되고 우아한
chic

고급스러운, 세련된
classy

개성이 강한, 독특한
full of character

마법에 걸린 듯한, 신비로운 mystical
평화롭고 마법 같은 분위기를 만들어내다
create the serene and magical ambience

로맨틱한
romantic

긴박한, 긴장된
tense

이상하고 섬뜩한
eerie

오싹한, 소름 끼치게 하는
creepy
(주로 어둡고 오래되었거나 버려진 장소에서)

유령이 나올 듯한
spooky

TIP **atmosphere, vibe & ambience**

atmosphere는 '분위기'를 뜻하는 포괄적인 단어로 장소, 전반적인 상황 등이 어떤지 설명할 때 모두 쓸 수 있다.

The meeting was held in a tense atmosphere. 회의는 긴장된 분위기 속에서 열렸다.

vibe는 어떤 장소에 대해 누구나 공감하는 '분위기'뿐 아니라 '감정 상태', 사람에 대한 '인상'이나 '느낌, 낌새'도 표현할 수 있다. 주로 장소의 분위기가 '쿨하고 트렌디한' 경우에 많이 쓰는 경향이 있다.

I've been picking up some bad vibes from him. 그에게서 뭔가 안 좋은 낌새를 계속 맡게 되네요.

This place has a good vibe. 이곳은 분위기가 좋네요.

ambience는 어떤 장소 특유의 '분위기'를 나타내는데, 대체로 긍정적이고 좋은 분위기를 묘사할 때 쓴다.

I like the relaxed ambience of this hotel. 난 이 호텔의 편안하고 느긋한 분위기가 마음에 들어.

활기찬, 생기가 넘치는
vibrant

북적대는
bustling

평화롭고 고요한
tranquil
(serene이 평화로워 '보이는' 것에 초점을 둔다면
tranquil은 평화로운 '분위기, 느낌'에 초점)

조용한
quiet

공기·날씨가 깨끗하고 상쾌한
crisp

분위기가 생동감 있고 즐거운,
매력적인
charming

전원풍의, 목가적인
idyllic

❶ A Oh, I like this hotel. I understand why you insisted on reserving this place. It feels really welcoming and cozy.

오, 이 호텔 맘에 든다. 네가 왜 그렇게 여기 예약해야 한다고 우겼는지 알겠어. 아주 환대받는 듯 아늑한 느낌이야.

B You see, that's why I always stay at this hotel whenever I visit this city. It's homey and comfortable, like a home away from home. I enjoy the laid-back atmosphere so much. Plus, the cocktail lounge in this hotel has really good vibes. Some bands have live concerts there every night, and you can enjoy all kinds of romantic music. The interior design of the lounge is also chic and classy.

이제 아는구나. 그래서 난 이 도시에 올 때면 늘 이 호텔에 묵어. 마치 진짜 내 집처럼 편안하고 친근하거든. 나는 이런 느긋한 분위기가 참 좋아. 게다가, 이 호텔 칵테일 바도 분위기가 아주 좋아. 몇몇 밴드들이 거기서 매일 밤 라이브 공연을 하는데, 온갖 낭만적인 음악을 다 즐길 수 있어. 실내 디자인도 세련되고 고급스럽지.

A Oh, I can't wait until tonight!

아, 빨리 오늘 밤이 오면 좋겠다!

❷ I used to think that I preferred a vibrant, bustling city to the countryside, as cities always looked charming to me. However, I've come to realize that I really like this tranquil countryside, too. It's so quiet, and I feel like I'm refreshing my brain and heart with this crisp and clean air.

내 눈에는 언제나 도시가 매력적으로 보였기 때문에, 나는 내가 활기차고 북적대는 도시를 시골보다 더 좋아하는 줄 알았다. 그러나 이 평화롭고 고요한 시골도 정말 좋아한다는 것을 깨닫게 되었다. 이곳은 너무나 조용하고, 내 머릿속과 가슴속이 이 상쾌하고 깨끗한 공기로 생기를 되찾는 느낌이다.

CHAPTER

13

다양한 상황 묘사

VARIOUS SITUATIONS

MP3 053

☑ **C H E C K**

The cars on the road are

| bumper | -to- | bumper |

.

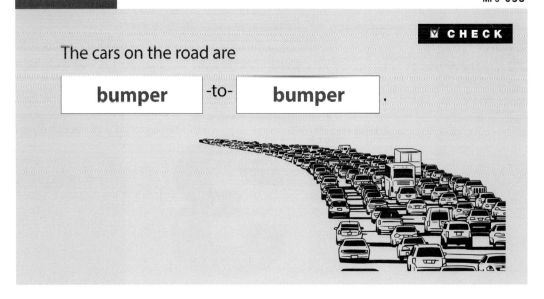

교통 혼잡
heavy traffic,
traffic congestion[jam]

교통 체증에 갇혀 있는
stuck in traffic

완전히 교착 상태에 빠지다
be in total gridlock
(차가 도로에 가득해 움직이지 못하는 상황)

차가 꼬리에 꼬리를 물고 길게 이어진
bumper-to-bumper

교통이 정체된, 차가 밀리는
backed up

(차들이) 조금씩 움직이다, 기어가다
inch along, crawl

가다 서다를 반복하는 운전
stop-and-go driving

(열차 등이) 통근자들로 콩나물시루처럼 꽉 차다
be jam-packed with commuters

느릿느릿하게, 느린 속도로 at a snail's pace
원활한 교통 light[smooth] traffic
차가 잘 빠지고 있다. The traffic is flowing smoothly.
(차 고장 시 멈춰 설 수 있는) 갓길 hard shoulder
포장하지 않은 갓길 soft shoulder

A Mom, it's me. I'm stuck in traffic, in total gridlock now. I'm afraid I won't be there by noon. You should have lunch with Dad without me.

엄마, 저예요. 지금 교통 체증에 갇혀서, 완전히 꼼짝도 못하고 있어요. 아무래도 12시까지 못 갈 것 같아요. 저 없이 아빠랑 점심 드세요.

B Oh, sweetie, you must be tired from driving. I'll wait a bit longer, and if you don't make it by then, I'll do as you said.

오, 얘야, 운전하느라 힘들겠구나. 좀 더 기다려 보고, 네가 그때까지 못 오면 네 말대로 할게.

A Yes, please. It seems like everyone is out traveling or something, as it's a really lovely Saturday today. The cars on the road are bumper-to-bumper. Oh, the ones in front of me have started moving forward! Now I'm inching along.

네, 그러세요. 오늘, 날씨가 너무 좋은 토요일이라서 사람들이 여행이라도 가려고 다들 밖으로 나온 것 같아요. 도로 위에 차들이 꼬리에 꼬리를 물고 있네요. 아, 제 앞차들이 앞으로 움직이기 시작했어요! 저도 이제 조금씩 기어가고 있어요.

B Even though you'll be doing stop-and-go driving for a while, I hope the traffic starts flowing smoothly very soon!

한동안은 가다 서다 하겠지만 얼른 차가 잘 빠지기 시작하면 좋겠구나!

MP3 **054**

☑ **C H E C K**

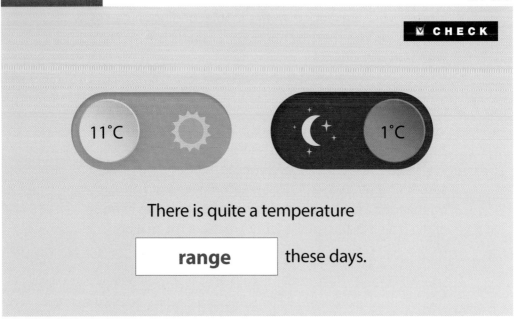

There is quite a temperature

| range |

these days.

건조 경보/홍수 경보/한파 경보/폭설 주의보/폭염 주의보가 발령되었다
a dry weather warning/flood warning/
cold wave warning/heavy snow advisory/
heat advisory was issued

큰 폭의 일교차
wide diurnal range of
temperature

(요즘) 일교차가 크다
there is quite a temperature range
(these days)

저기압/고기압의 영향으로
due to the effects of a low/high
pressure

심각한 황사 severe yellow dust

미세먼지 fine particles[dust], fine particulate matter, toxic haze(독성 먼지)

초미세먼지 ultra-fine particles[dust]

공기의 질, 공기 청정도
air quality

대기 질 지수
air quality index

미세먼지 농도
fine dust concentration level

공기가 탁한, 미세먼지가 심한
smoggy

미세먼지에 시달리다
be plagued by fine dust

춥고 바람 부는/화창하고 건조한 날씨가
~까지 계속될 것으로 예상되다
cold and windy/sunny and dry
weather is forecast to continue until ~

국지적인/광범위한 홍수
localized/widespread flooding

홍수 방지 시설을 보강하다
reinforce flood control facilities

강설량이 ~ 센티미터에 달했다
the snowfall has reached up to ~
centimeters

저체온증과 동상에 걸리지 않도록
예방 조치를 취하다
take precautions to prevent
hypothermia and frostbite

(폭설 등이) 일상생활에 큰 혼란을/정전을/교통
사고와 교통 체증을 일으키다
cause significant
disruptions to daily life/
power outages/
traffic accidents and traffic jams

A Honey, we should be careful not to catch a cold because there is quite a temperature range these days. Also, we should buy a humidifier. My skin feels so dry!
여보, 요즘 일교차가 크니까 우리 감기 안 걸리게 주의해야겠어. 그리고 가습기도 사야 해. 내 피부가 너무 건조해!

B Yeah, I heard a dry weather warning was issued. And we need an air purifier, too. There's fine dust almost every day, and the air quality is really bad.
그래. 건조 경보가 발령됐더라고. 그리고 우리 공기청정기도 필요해. 거의 매일 미세먼지가 발생하고 공기 질이 아주 나빠.

A I hope there's some rain to wash away all the dust. But the weather forecaster said, "This sunny and dry weather is forecast to continue until next week." My goodness!
비가 좀 와서 먼지를 다 씻어 주면 좋겠다. 하지만 기상 예보관 왈, '화창하고 건조한 날씨는 다음 주까지 계속되겠습니다.' 맙소사!

B Last year, we had heavy rain so frequently that we rushed to buy a dehumidifier. After the widespread flooding across the nation, the authorities even reinforced flood control facilities. But now we're facing a drought, and we should rush to buy a humidifier!
작년에 큰비가 너무 자주 와서 제습기를 사러 뛰었지. 전국적으로 광범위한 홍수가 난 후에 당국이 홍수 방지 시설을 보강하기까지 했잖아. 그런데 이제는 가뭄이 들어서 가습기를 사러 뛰어야 하네!

A Maybe we're experiencing some abnormal climate patterns.
우리가 이상 기후 패턴을 겪고 있나 봐.

경제 상황

MP3 055

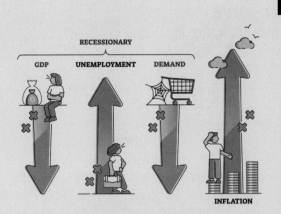

(stagflation / boom)

수요와 공급
supply and demand

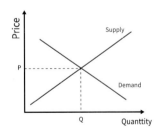

재화와 용역
goods and services

인플레이션
inflation
(통화량이 팽창해 화폐 가치가
떨어지고 물가가 지속적으로
오르는 현상)

가격 인상
rise in prices

재화와 용역 가격의 인상
increased prices for goods and services

화폐 구매력(화폐 한 단위로 재화와 용역을 살 수 있는 능력)의 감소
decline of[decrease in] purchasing power of money

디플레이션
deflation
(통화량이 축소해 물가가 하락하고
경제 활동이 침체되는 현상)

재화와 용역 가격의 인하
lower prices for goods and services
전반적인 가격 수준의 인하
fall in the overall price level

화폐 구매력의 증가
increase in the purchasing power of money

스태그플레이션
stagflation
(경기가 불황인 상태에서도 물가가 계속 오르는 현상)

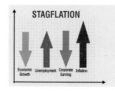

침체된 경제 성장
stagnant economic growth

(6개월 이상 지속되는) 경기 후퇴
recession

불경기, 불황
depression
(장기간의 심각한 경기 침체 상태)

심각한 경기 침체
severe economic downturn

경제 성장의 둔화
slowdown in economic growth

급속한 경제 성장
rapid economic growth

붐, 경제 호황
boom

거품 경제[경기]
bubble economy

인플레이션과 이자율의 상승
inflation and the rise in interest rates

금리 인상/인하
interest rate hike/reduction

높은 생산량 수준
high levels of
production

낮은/높은 고용률
low/high employment rates

낮은/높은 실업률
low/high
unemployment rates

실업 수당
unemployment
benefits

매몰 비용
sunk cost

(의사 결정을 하여 지출한 비용 중
회수할 수 없는 비용)

기회 비용
opportunity cost

(여러 대안 가운데 하나를 선택했을 때,
선택하지 않은 나머지 대안들 가운데
가장 크고 좋은 것의 가치)

가스 요금과 전기 요금이 급등했다
gas and electricity bills
jumped sharply

세계 경제 회복을 둘러싼 불확실성
uncertainties
surrounding the global
economic recovery

무역 수지 적자/흑자
trade deficit/surplus

 VS

주식
stock

(총체적 의미의 주식),

share

(한 회사의 stock을 구성하는
개별 단위. 즉 share가 모여서
stock을 이룬다고 볼 수 있음.)

주주
share holder

보통주/우선주
common/preferred
stocks

우량주
blue-chip stocks

'동전주', 투기적 저가주
penny stocks

개인[소매] 투자자
retail investor,
independent trader

데이 트레이딩, (주식을 하루에
사고파는) 초단타 매매
day trading

배당금
dividend

유가 증권
securities

채권
bond

증권[주식] 시장/거래소
stock market/exchange

강세 시장, 상승 장세/
약세 시장, 하락 장세
bull/bear market

코스피 지수, 한국 종합 주가 지수
KOSPI
(Korea Composite Stock Price Index)

코스닥 지수
KOSDAQ
(Korea Securities Dealers
Automated Quotations)
index

작전
pump and dump
(싸게 매입한 주식을
허위 정보 등으로
폭등시킨 후 팔아치움)

(주식 시장이·주가가)
혼조세를 보이다
be mixed,
have mixed trading

(주가가) 보합세를 유지하다
hold steady,
show little change

주식 시장 변동성의 시기,
주식 시장이 혼란스러운 시기
a period of stock
market volatility

어닝시즌
earnings season
(기업들의 실적이 집중적으로 발표되는 시기)

관망세를 취하다
take[adopt] a wait-and-see
approach

1 The economy is experiencing deflation, resulting in lower prices for goods and services and an increase in the purchasing power of money.
경기는 디플레이션을 겪고 있으며, 그 결과로 재화와 용역의 가격이 하락하고 화폐 구매력은 증가하고 있다.

2 The economy is in a state of stagflation, with stagnant economic growth, high inflation, and high unemployment rates.
경기는 경제 성장의 침체와 높은 인플레이션, 높은 실업률을 보이는 스태그플레이션 상황에 놓여 있다.

3 The economy is experiencing a boom with high levels of production, low unemployment rates, and increasing prices.
경기는 높은 생산량 수준, 낮은 실업률, 가격 상승 등이 일어나는 호황을 맛보고 있다.

4 The Great Depression of the 1930s was a severe economic downturn that lasted for several years. It resulted in high unemployment rates and widespread poverty. 1930년대의 대공황은 수년간 이어진 극심한 경기 침체였다. 이로 인해 실업률이 높아지고 빈곤이 만연했다.

5 A I have a problem and can't decide what to do now.
나 문제가 하나 있는데, 지금 어떻게 할지 결정을 못하겠어.

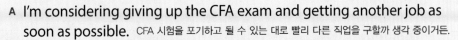

B What's the matter with you? 무슨 일인데?

A I'm considering giving up the CFA exam and getting another job as soon as possible. CFA 시험을 포기하고 될 수 있는 대로 빨리 다른 직업을 구할까 생각 중이거든.

B You mean the "Certified Financial Analyst" exam you've been preparing for for a year? Why? 네가 1년간 준비해 온 '국제재무분석사' 시험 말이야? 왜?

A I'm not sure if I can make it. I studied for a year but failed the level 1 test. Although I'm sorry for the past one year, it might be better to give up now before I waste another year.
내가 그걸 해낼 수 있을지 확신이 없어서. 1년간 공부했는데 1차 시험에서 떨어졌거든. 지난 1년이 아깝긴 하지만 또 한 해를 낭비하기 전에 지금 포기하는 게 더 나을지도 모르겠어.

B Hmm, I see your point. The past year spent on the exam is a kind of a sunk cost that can never be recovered.
흠, 무슨 얘기인지 알겠어. 그 시험에 쓴 1년은 일종의 매몰 비용이기 때문에 절대 되돌릴 수가 없지.

A That's what I'm saying. It's a sunk cost, not an opportunity cost, you know. 내 말이 그 말이야. 그건 매몰 비용이지 기회 비용이 아니니까.

6 Most investors seem to be adopting a wait-and-see approach ahead of the upcoming earnings season.
대부분의 투자자들은 다가오는 어닝시즌에 앞서 관망세를 취하고 있는 것으로 보인다.

CHAPTER

14

소리, 음악 묘사

SOUND & MUSIC

MP3 056

✓ CHECK

The noise between

| floors |

was so bothersome.

소리
sound

소음
noise

시끄러운
noisy, loud(소리가 큰)

강하고 자극적인
strident

귀청을 찢는 듯 날카로운
piercing, shrill

(소리·목소리가) 단조로운, 변화가 없는
monotonous

(소리·가락 등이) 애처로운, 구슬픈
plaintive

(빈 용기 등을 칠 때처럼) 낮게 울리는
hollow

(마찰음·쥐 등) 끼익하는,
찍찍하는, 삐걱거리는
squeaky

짤랑[쨍그랑]거리는
clinking

(금속이 부딪치며 울리듯) 쨍그랑
[땡그랑] 울리다; 쨍그랑[땡그랑] 소리
clang

(무너지거나 충돌하는 소리) 와르르, 쿵,
쾅, (천둥·대포) 굉음; 충돌하다
crash

(오래 계속되는 귀가 멍할 정도의) 시끄러운 소리, 소음
din

시끄러운 소리를 내다
make (a) din

도시의 요란한 소음
din of the city

(증기나 뱀이) 쉿쉿 하는 (소리)
hissing

(새의 지저귐이나 음악)
고음으로
빠르게 진동하는[떨리는] 소리
trill

(모닥불 타는 소리 같이)
타닥거리는 소리
crackling

신음하다; 신음, 끙 앓는 소리
groan

포효하는, 떠들썩한
roaring

바스락거리는 소리
rustling

윙윙거리는, 콧노래 부르는
humming

우르릉[웅웅]거리는 소리
rumbling

덜커덩[달각]거리는
rattling

쿵쿵거리다, 쿵 떨어지다;
쿵[덕] 하는 소리
thump

쾅 치다; 쾅[쿵, 탁] 하는 소리
bang

(우르릉 쾅 하는) 처둥소리
crash of thunder, thunderclap

메아리, 울림; 메아리치다, 울리다
echo

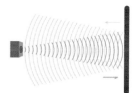

금속성 소리
metallic sound

날카로운 소음
sharp noise

백색 소음
white noise

허술한 방음, 방음 불량
poor sound insulation

층간 소음
noise between floors, inter-floor noise

방음재를 설치하다
install soundproofing materials

귀마개를 하다
wear earplugs

큰 소동을 벌이다, 시끄럽게 굴다
make a racket

(흥분 등으로) 요란하게 떠들어 대다, 함성을 지르다
raise the roof

너무 조용한 건 싫어하다
don't like it when it's too quiet

조용한 게 더 좋다
prefer it to be quiet

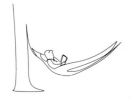

볼륨을 높이다/줄이다
turn up/down the volume

소리를 끄다
turn off the sound

❶ The noise between floors was so annoying that he couldn't sleep at night, and had to wear earplugs.
층간 소음이 너무나 거슬려서 그는 밤에 잠을 잘 수가 없었고, 귀마개를 해야 했다.

❷ A You have an excellent taste in interior design. Your home looks wonderful. 실내 디자인 감각이 정말 좋으시네요. 집이 정말 멋져요.

B Thanks a lot. Please have a seat and make yourself at home.
고마워요. 앉아서 편히 계세요.

A Thanks. By the way, sorry, but can you turn down the volume, please? 고마워요. 그런데 미안하지만 볼륨을 좀 줄여 주실래요?

B Oh, don't you like listening to music? Then I'll turn off the sound.
아, 음악 듣는 거 싫어하세요? 그럼 소리를 끌게요.

A No, please just turn down the volume a little bit. I like music, but I don't like it when the music is too loud, that's all.
아니요. 그냥 볼륨만 조금 줄여 주세요. 음악은 좋아하는데, 음악 소리가 너무 시끄러운 건 싫어서 그래요.

B Oh, I see. As for me, I don't like it when it's too quiet, so when I'm home, I habitually turn something on.
아, 그러시구나. 전 너무 조용한 건 싫어서 집에 있을 때는 습관적으로 뭐든 틀어놔요.

MP3 057

높은음자리표 G clef, treble clef	낮은음자리표 F clef, bass clef	조표 key signature	박자표 time signature	4분의 4박자(4/4) four-four time
		B♭ major		

8분의 6박자(6/8) six-eight	온음표 whole note	온쉼표 whole rest	2분음표 half note	4분음표 quarter note, crotchet

8분음표 eighth note, quaver(영국)	점 8분음표 dotted eighth note	마디 measure, bar(영국)	도돌이표 repeat sign

가락이 아름다운, 선율적인
melodious

조화로운, 듣기 좋은
harmonious

리듬감 있는, 율동적인, 리드미컬한
rhythmic

불협화음의
dissonant

(가락이) 애처로운, 구슬픈
plaintive

(음악·목소리가) 마음을 달래 주는
[진정시키는]
soothing

326

(나팔·음악·경적 등이) 요란하게 울려 퍼지는 소리 blare	(악기 등이) 울려 퍼지는 소리를 내는 sonorous	랩송, 랩 rap (song)

흥겨운[즐거운] 멜로디 cheerful melody [tune]	느린/빠른 템포[박자] slow/fast tempo	노래[목소리]가 세 옥타브를 넘나들다 one's vocal range spans three octaves, one's voice has a range of three octaves

음정이 맞는 in tune 음정이 안 맞는 out of tune	음정이 안 맞게 노래하다 sing off-key	합주하다 play music together

즉흥 (재즈) 연주 jam session	(훌륭한 공연으로) 관객들을 열광시키다 rock the house

TIP 박자 - time, beat, tempo & rhythm

time은 곡의 전반적인 구조와 구성으로서의 '박자'를 가리킨다. 한 곡은 여러 마디(measure, bar)로 이뤄지고, 각 마디에는 박자표(time signature)의 숫자에 따라 몇 개씩의 beat가 들어간다. 즉 3/4 박자라면 4분음표 길이의 beat가 한 마디 안에 3개가 들어간다.

beat는 곡의 박자를 이루는 기본 단위로, 손뼉을 치거나 발을 굴러서 맞출 수 있는 규칙적이고 반복되는 소리를 뜻한다.

tempo는 곡의 빠르기나 속도를 말하는데, 보통 분당 몇 beat가 들어가느냐(beats per minute (BPM))로 측정할 수 있다.

rhythm은 beat와 쉼표가 어우러져서 만들어 내는 규칙적인 음의 흐름, 즉 패턴을 의미한다.

1 A What's this melodious music? The guitar and other instruments are creating such harmonious and rhythmic music.

이 아름다운 멜로디의 음악은 뭐야? 기타와 다른 악기들이 매우 조화롭고 리듬감 있는 음악을 빚어내네.

B Is it really that good? Actually, I wrote this.

이 음악 정말 그렇게 좋아? 사실, 내가 만든 곡이야.

A What? You are joking, right?

뭐? 농담이지?

B No, I'm serious and not lying. I composed and played it with my guitar and computer.

아니, 진짜야. 거짓말 아니고, 내가 작곡하고 기타랑 컴퓨터로 연주했어.

A Really? You're a genius to write such incredible music! I love this cheerful melody with its fast tempo. And the sudden blare of a trumpet in the middle of the melody makes this music very creative and unique.

정말? 이런 놀라운 음악을 만들다니 너 천재구나! 빠른 템포의 이 흥겨운 멜로디가 정말 좋아. 그리고 멜로디 중간에 갑자기 울려 퍼지는 트럼펫 소리가 이 음악을 아주 창의적이고 독특하게 만들어 주네.

B Your compliments flatter me! You sound like a professional music reviewer.

네 칭찬을 받으니까 우쭐해지는걸! 너 꼭 전문 음악 평론가 같아.

2 A The concert must have been amazing judging by your expression.

네 표정 보아하니 콘서트가 아주 좋았구나.

B Oh, does it show? Absolutely, absolutely, absolutely, it was absolutely fantastic and incredible! You know, his vocal range spans three octaves, and he rocked the house with his charismatic and magical voice. Oh, I wished the concert would never end and go on forever! It was so fantastic and incredible! I know I may sound like a broken record, but I can't stop saying it! It was so fantastic and incredible!

아, 티 나? 완전, 완전, 완전, 완전히 환상적이고 놀라웠어! 있잖아, 그 사람 목소리가 3옥타브를 넘나들잖아. 카리스마 있는 마법 같은 목소리로 관객석을 뒤집어 놨어. 아, 콘서트가 절대 끝나지 않고 영원히 계속되길 빌었다고! 너무 환상적이고 놀라웠어! 고장 난 레코드 같이 들리겠지만 말이 계속 나오네. 너무 환상적이고 놀라웠어!

MP3 058

☑ **CHECK**

She (**lost** / **regained**) her voice and couldn't speak.

사람의 목소리 human voice

거친, 듣기 싫은 harsh
목쉰 hoarse
목이 약간 쉰 듯한, 허스키한 husky
(목이 아파서) 꺽꺽거리는, 목쉰 croaky
걸걸한, 거친, 귀에 거슬리는 gravelly
쩌렁쩌렁 울리는 booming
속삭이는 듯한, 술렁술렁하는 whispery
(소리가) 큰, 힘 있는 strong
(소리가) 부드럽고 조용한 soft
(보통 흥분이나 짜증으로) 톤이 높은, 고음의, 카랑카랑한
high-pitched
톤이 낮은 low-pitched
굵고 낮은, 저음의 deep
맑은, 또렷한, 청아한 clear
낭랑한 sonorous
울림이 있는 full
떨리는 목소리
quavering[shaky, trembling] voice
(quavering이 일반적으로 쓰이며, trembling이 떨림의 정도가
가장 심함)

나긋나긋한 목소리 gentle voice

코맹맹이 소리 nasal voice
변성기가 되다
one's voice breaks[cracks]
목소리가 안 나오다
lose one's voice

동물의 소리 animal sounds

(새·쥐 등이) 꽥꽥[깍깍] 울다 squawk
(새·작은 곤충 등이) 짹짹 울다; 짹짹거리는 소리
chirp, tweet
(주로 작은 새가 짹짹 우는
소리를 나타냄)
(말이) 울다; 말의 울음소리 neigh
(소가) 음메 울다; 소의 울음소리 moo
(양이) 매 울다; 양의 울음소리 baa
개가 짖다; (개 등이) 짖는[우는] 소리 bark
개가 짖는 소리
a dog's barking sound

의성어 onomatopoeia	에취 achoo	후루룩, 홀짝
사람이 내는 소리	(헛기침) 에헴, 으흠 ahem 딸꾹 hiccup	slurp 꺼억(트림) burp 

흥 bah, humph	똑똑 knock	첨벙첨벙, 철벅철벅 splash
(하품) 아함 ho-hum 쿨쿨, 드르렁드르렁 ZZZ 쉿 hush, shh	콜록콜록 cough cough 찰싹 slap (키스) 쪽 smack	(혀를 차는 소리) 쯧쯧 tut-tut

동물 울음소리	(양) 매 baa (개) 멍멍 bow-wow, woof (새·곤충) 짹짹, 찍찍 chirp, tweet	(닭) 꼬끼오 cock-a-doodle-doo(수탉), 꼬꼬 cluck(암탉) (병아리) 삐약삐약 peep (뻐꾸기) 뻐꾹 cuckoo (부엉이) 부엉부엉 hoot

(고양이) 야옹 meow, 가르릉 purr (소) 음메 moo (돼지) 꿀꿀 oink-oink	(오리) 꽥꽥 quack (사자) 으르렁 roar (개구리) 개굴개굴 ribbit (벌) 윙 buzz	 — Ribbit

사물에서 나는 소리 	(오토바이) 부릉부릉 vroom (기차) 칙칙폭폭 choo-choo	(종소리) 뎅그렁뎅그렁, 딸랑딸랑 clang clang (벨 소리) 딩동 ding-dong (버스, 트럭의 경적) 빵빵 honk honk

(천둥·폭발음) 우르르 쾅 kaboom (시계) 똑딱똑딱 tick-tock	(북소리) 둥둥 rub-a-dub

1 A Suzi, are you feeling better today? Did you see the doctor?
수지, 오늘은 좀 낫니? 병원엔 갔었어?

B Yeah, I can speak now, although my voice still sounds hoarse and croaky.
응, 이제 말을 할 수 있어. 아직도 목이 쉬어 있고 꺽꺽거리는 소리가 나긴 하지만.

A Oh, dear, that's a relief! You lost your voice yesterday. I hope you recover very soon and regain your clear, sonorous voice!
어우 야, 다행이다! 어제는 너 목소리가 안 나왔잖아. 얼른 회복해서 네 청아하고 낭랑한 목소리를 되찾길 바래!

2 Even though I don't live in the countryside, there are many birds in the town where I live. I wake up to the sounds of various birds chirping, tweeting, and squawking every morning. It feels much better than being startled awake by a piercing alarm clock.
시골에 사는 것도 아닌데, 내가 사는 동네에는 새들이 많다. 나는 아침마다 다양한 새들이 짹짹짹, 깍깍깍 지저귀는 소리에 잠에서 깬다. 날카로운 알람 시계 소리에 깜짝 놀라 깨는 것보다 훨씬 기분이 좋다.

15

라이프 사이클 묘사

LIFE CYCLE

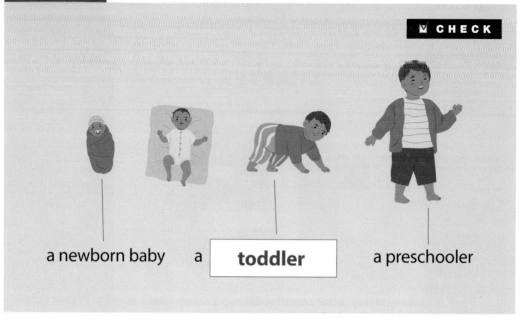

☑ CHECK

a newborn baby   a **toddler**   a preschooler

어린 시절	청소년기	성인기	노년기
childhood	adolescence	adulthood	old age

태어나다 be born

'금수저'로 태어나다
be born into privilege(특권층 가정).
be born with everything handed to ~
(별다른 노력·고생을 하지 않아도 모든 것이 다 갖춰지고 주어지는 환경),
be born with a silver spoon in one's mouth
(17~18세기부터 내려오는 것으로 보이는 오래된 표현으로 현대 영어에서는
사용 빈도가 떨어지는 경향)

신생아, 갓난아기
newborn baby
유아
infant
유아기
infancy, babyhood

걸음마를 시작한 아기
toddler

부모에게 의존하는
dependent on one's parents

생활에 필요한 기능을 습득하다
pick up life skills

(~한 가정에서) 성장하다
grow up (in a ~ family)

~하도록 (배우며) 자라다
be raised to ~

유아원(어린이집)
preschool

유아원생
preschooler

유치원
kindergarten

유치원생
kindergartner

학교에 입학하다
enter[start] school

초등학교
elementary school

초등학생
elementary school student

친구를 사귀다
make friends

근심 없는 어린 시절을 보내다
have a carefree childhood

사춘기
puberty

사춘기가 되다, 사춘기에 들어서다
reach[enter] puberty

사춘기를 겪다
go through puberty

10대 소년 소녀
teenager, adolescent

10대 시절
teenage years

(목소리가) 변하다, 변성기가 되다
one's voice
breaks[cracks]

면도를 시작하다
start to shave[shaving]

월경을 시작하다
start menstruating

신체적으로 여러 변화를 겪다
a body undergoes
many changes

더 독립적으로 되다
become more
independent

청년기에 들어서다
enter young adulthood

어른으로 성숙하다
mature into an adult

대학 입시를 치르다
take a college entrance
examination

대학에 입학하다
enter a college[university]

1 Last night, my niece was born, so I finally became an aunt! It was the first time for me to meet a newborn baby, and it felt truly amazing and emotional. I hope she has a carefree childhood filled with wonderful experiences and grows up to be a happy girl.

어젯밤에 여자 조카가 태어나서 마침내 이모가 되었다! 신생아를 맞이하는 것은 처음이어서 정말 신기하면서도 여러 감정이 일렁였다. 조카가 멋진 경험으로 가득 찬 걱정 없는 어린 시절을 보내고 행복한 소녀로 자라나길 바란다.

2 A Hello, members of the "Mothers' Room"! I am the club chief, "Sandy's mom," and I am delighted to see all of you in person, off-line.

안녕하세요, '엄마의 방' 회원 여러분! 저는 클럽 회장인 '샌디 맘'이에요. 오프라인에서 여러분 모두 직접 뵙게 되어 정말 기뻐요.

B Nice to see you all! I'm "Running Mina" with two children, a toddler and a preschooler.

모두 만나서 반가워요! 저는 걸음마쟁이 하나와 미취학 아이 하나, 이렇게 둘을 둔 '달리는 미나'예요.

C Ah, you're "Running Mina". I'm "Hurray" with a boy who's going through puberty.

아, '달리는 미나'님이시군요. 저는 사춘기를 겪는 아들이 있는 '만세'랍니다.

B Oh, I read what you posted. You wrote that you felt a bit odd when his voice broke.

오, 저 글 올리신 거 봤어요. 아드님이 변성기가 왔을 때 기분이 이상했다고 쓰셨죠.

C Yeah, it was really odd... bittersweet or something. The boy, who was so little and cute, is growing up fast and becoming a "man!"

네, 정말 이상했어요... 달콤씁쓸하달까 뭐랄까. 그 어리고 귀엽던 녀석이 빠른 속도로 자라서 '남자'가 되어 가고 있는 거예요!

A I know how that is, as my girl is also going through puberty and has started menstruating. It's amazing to see that the little girl, who used to do everything with me, is now building her own secrets and becoming more independent as she enters young adulthood.

저도 그게 뭔지 알아요. 제 딸도 사춘기이고 생리를 시작했거든요. 뭐든 저와 함께하던 조그만 아이가 청년기에 들어서면서 이젠 혼자만의 비밀을 쌓고, 더 독립적으로 되어 가는 걸 보면 참 놀라워요.

MP3 060

It seems like she's reached the **(base / pinnacle)**
of her career now.

성인, 어른
adult, grown-up

~(학교)를 졸업하다
graduate from ~

취직하다
get a job

좋은 일자리를 찾다
find a good job

실직하다
lose one's job

~에서 일하다
work for ~

~(명성·경력·지위)를 노력하여 얻다
carve out

퇴사하다
resign, quit a job

직장을 ~로 옮기다
switch to ~

직업을 바꾸다
switch careers,
choose a new career

경력 전환
career shift[switch](하던 일과 다른 분야로, 또는 다른 고용 형태로)

(더 나은 조건·전망을 찾아)
직장 옮기기, 이직
job switching[hopping]

~와 사랑에 빠지다
fall in love with ~

(~에게) 청혼하다
propose to ~, ask ~ to marry me,
pop the question(비격식)

결혼하다
marry,
get married

임신하다
be[get] pregnant

아기를 낳다
have a baby,
give birth to a baby

키우다, 양육하다
bring up, raise

좋은[훌륭한] 남편/아내/아버지/어머니가 되다
become[make] a good[wonderful]
husband/wife/father/mother
(make는 '~가 되기 위해 적극적인 행동을 한다'는 뉘앙스를 주며,
become은 그냥 말 그대로 '되다'라는 의미로 더 자연스러워서
make보다 널리 쓰임)

인생의 빛 같은 존재
the light of one's life
(~를 행복하게 만들어 주는 매우 사랑하는 사람)

경력/행복의 정점[절정]에 도달하다
reach the pinnacle[peak] of
one's career/happiness
(pinnacle이 약간 더 격식적인 또는 세련된 느낌을 줄 수 있음)

재테크[자산 관리]에 관심을 갖기 시작하다
**start to get interested in
money management**

부동산/주식에 투자하다
invest in real estate/stocks

복권에 당첨되다
win the lottery

중년
middle age

중년의 사람들
the middle aged

이혼하다
**get a divorce, get divorced,
divorce, go through a divorce**

재혼하다
remarry

이민을 가다
emigrate

명예퇴직을 신청하다
apply for voluntary early retirement

인생의 우여곡절[행과 불행, 성공과 실패]을 겪다
go through the ups and downs of life

(자녀를) 통해 대리 만족하다
live vicariously through
(one's children)

노화
aging

은퇴하다
retire

노인들 the elderly, the aged

노년기 old age

노년기에 들어서다
enter old age, enter golden years

고령자, 노인
senior citizen(보통 65세 이상의 정년 퇴직자),
pensioner(연금 수급자)

요양원
retirement[nursing] home

노년을 즐기다/소중히 여기다[돌보다]
enjoy/cherish one's golden years

인생(의 ~년)을 돌아보다
reflect on (the ~ years of) one's life

유언장을 작성하다
write one's will,
make[draw up] a[one's] will
(다소 격식적이고 구식 표현으로 느껴질 수 있음)

평화롭게 세상을 떠나다
pass away peacefully

① **A** Hey, Tom. Long time no see.
어이, 톰. 정말 오랜만이다.

B Yeah, it's been a while. Happy to see you.
그래. 오랜만이네. 얼굴 보니 반갑다.

A Yeah, I heard you have some good news. You got a job at a marketing company.
그래. 너한테 좋은 소식이 좀 있다며? 마케팅 회사에 취직했다고.

B Haha, word travels fast. Well, a few updates for you: I actually switched to an even better company.
하하. 소문 한번 빠르네. 음, 최신 소식 몇 가지 알려 주자면, 나 사실 훨씬 더 좋은 회사로 옮겼어.

A Wow, that's great! Congrats!
와, 정말 잘됐다! 축하해!

② **A** Isn't our director Jenny amazing? It seems like she's reached the pinnacle of her career now.
우리 제니 이사님 정말 대단하지 않아? 이제 경력의 최정점에 도달하신 것 같아.

B Yeah, I've heard she worked really hard to get to where she is now.
응. 오늘의 위치에 도달하기까지 아주 열심히 일하셨다고 들었어.

A Absolutely. Some people may think she was born with everything handed to her, but that's far from the truth. She grew up in a poor family and worked hard to escape poverty and achieve her goals. She went through the ups and downs of life.
당연하지. 어떤 사람들은 이사님이 모든 게 손에 쥐어지는 금수저 집안에서 태어났다고 생각할 수도 있지만 그건 사실과 거리가 멀어. 빈곤한 집안에서 자라 가난에서 벗어나 목표를 성취하려고 엄청나게 열심히 하셨거든. 인생의 굴곡도 겪었고.

B She carved out a successful career for herself.
혼자 힘으로 성공적인 경력을 쌓으신 거지.

A You're absolutely right. I will work harder and strive to be like her.
백 번 맞는 말이야. 나도 더 열심히 일하고 노력해서 이사님처럼 될 거야.

3 Today, my daughter Mary, son-in-law Bill, and grandson Jude visited me at the retirement home, and we had lunch together. I was really happy and pleased to see my lovely family. When I was Mary's age, I went through a divorce just two years after having her. It was not easy, to be honest, to raise a baby alone while working, but Mary has always been the light of my life. She grew up to be a strong, honest woman, found a good job, fell in love with a sincere man, got married and became a good wife and mother. I'm incredibly grateful and happy to see her living a fulfilling life. Sometimes I feel I live vicariously through her, but I also cherish my own golden years and reflect on the 77 years of my life. Next week, I plan to write my will. I hope that I can leave quietly and peacefully when my time comes, without causing any burden for Mary, so she can say, "She passed away peacefully." to others.

오늘은 내 딸 메리, 사위 빌, 그리고 손자 주드가 요양원에 있는 나를 찾아 와서 같이 점심을 했다. 내 사랑스러운 가족을 보니 정말 행복하고 기뻤다. 메리 나이였을 때, 나는 메리를 낳은 지 겨우 2년 후에 이혼을 치러냈다. 사실, 일하면서 혼자 아기를 키우는 게 쉽지 않았지만 메리는 언제나 내 인생의 빛 같은 존재였다. 딸은 자라서 강하고 정직한 여성이 되었고, 좋은 직업을 찾았고, 신실한 남자와 사랑에 빠지고, 결혼해서 좋은 아내이자 엄마가 되었다. 메리가 충족감을 느끼며 살아가는 것을 보면 너무나 감사하고 행복하다. 내가 딸을 통해 대리 만족하는 기분이 들 때도 가끔 있지만, 내 노년도 소중히 여기며 77년 인생을 돌아보기도 한다. 다음 주에는 유언장도 작성할 계획이다. 떠날 때가 오면 나는 메리에게 부담될 일 없이 조용하고 평화롭게 갈 수 있기를 바란다. 우리 딸이 다른 이들에게 "엄마는 평화롭게 떠나셨어요."라고 말할 수 있도록.

16

더 폭넓은 묘사를 위한
중·고급 어휘

ADVANCED
VOCABULARY
FOR DESCRIPTION

고급 형용사로 세련되게 묘사하기

austere
엄격한
an austere lifestyle 엄격한 생활 방식

biased
편견이 있는
a biased opinion 편견에 치우친 의견

capricious
변덕스러운, 변하기 쉬운
The weather in this region is capricious.
이 지역 날씨는 변덕스럽다.

coherent
일관성 있는, 논리적인
a coherent explanation 일관성 있는 설명

colloquial
구어체의
colloquial expressions 구어체 표현들

defamatory
명예를 손상하는, 비방하는, 중상적인
defamatory comments 명예 훼손 댓글들

dexterous
손재주가 비상한, 솜씨 좋은
a dexterous musician 손재주가 비상한 음악가

elaborate
정교한, 공들인
an elaborate design 정교한 디자인

eloquent
유창한, 설득력 있는
an eloquent speech 유창하고 설득력 있는 연설

explicit
명확한
The contract contained explicit terms and conditions.
계약서에는 명확한 계약 조항이 포함돼 있었다.

germane
밀접한 관련이 있는
That is not germane to the topic of the lecture.
저건 강의 주제와 밀접한 관련이 없다.

insatiable
만족할 줄 모르는
an insatiable thirst for knowledge
지식을 향한 만족을 모르는 갈증

nascent
발생기의, 초기의
a nascent startup 신생 스타트업 기업

preposterous
터무니없는, 가당찮은
a preposterous theory 터무니없는 이론

perfunctory
형식적인, (직무·의리 때문에) 하는 수 없이 하는
a perfunctory greeting 형식적인 인사

quintessential
전형적인, 정수의, 본질적인
the quintessential American meal
전형적인 미국식 식사

specific
구체적인, 명확한
Please give me specific instructions.
구체적인 지침을 주세요.

truculent
약간 공격적인, 신랄한
a truculent attitude 신랄한 태도

very accurate	매우 정확한	→	exact
very afraid	매우 두려운	→	fearful
very angry	매우 회기 난	→	furious, outraged
very bad	매우 나쁜	→	atrocious, dreadful, horrible, lousy, terrible
very beautiful	매우 아름다운	→	gorgeous, stunning
very big	매우 큰	→	massive, huge, enormous
very bright	매우 밝은	→	luminous
very calm	매우 고요한	→	serene
very careful	매우 조심하는	→	cautious
very clean	매우 깨끗한	→	spotless
very clear	매우 분명한	→	obvious
very cold	매우 추운	→	freezing
very confused	매우 당황한	→	perplexed
very creative	매우 창의적인	→	innovative
very cute	매우 귀여운	→	adorable
very deep	매우 깊은	→	profound
very detailed	매우 상세한	→	meticulous
very dirty	매우 더러운	→	filthy
very easy	매우 쉬운	→	effortless
very excited	매우 흥분한, 신난	→	thrilled
very exciting	매우 신나는, 재미있는	→	exhilarating
very fat	매우 살찐	→	obese
very frightened	매우 겁먹은	→	alarmed
very frightening	매우 두려운	→	terrifying
very funny	매우 웃기는	→	hilarious
very good	매우 좋은	→	amazing, excellent, incredible, superb, great
very great	매우 굉장한, 훌륭한	→	terrific
very happy	매우 행복한	→	cheerful, delighted, ecstatic, elated, jubilant
very hard	매우 어려운	→	difficult
very hard-to-find	매우 찾기 힘든	→	rare
very hungry	매우 배고픈	→	starving
very important	매우 중요한	→	crucial

very intelligent	매우 총명한	→	brilliant
very little	매우 작은	→	tiny
very necessary	매우 필요한	→	essential
very noisy	매우 시끄러운	→	deafening
very often	매우 자주	→	frequently
very old	매우 오래된	→	ancient
very perfect	매우 완벽한	→	flawless
very quick	매우 빠른	→	rapid
very rainy	비가 매우 많이 오는	→	pouring
very rich	매우 부자인	→	wealthy
very sad	매우 슬픈	→	sorrowful
very serious	매우 심각한, 중대한	→	grave
very shiny	매우 빛나는	→	gleaming
very short	매우 짧은	→	brief
very shy	매우 수줍은	→	timid
very simple	매우 단순한	→	basic
very slow	매우 느린	→	sluggish
very smart	매우 영리한	→	intelligent
very smelly	매우 불쾌한 냄새가 나는	→	pungent
very smooth	매우 매끄러운	→	sleek
very special	매우 특별한	→	exceptional
very strong	매우 강한	→	forceful
very sure	매우 확신하는	→	certain
very talented	매우 재능 있는	→	gifted
very tall	매우 높은	→	towering
very tired	매우 피곤한	→	beat, drained, exhausted
very ugly	매우 못생긴	→	hideous
very unhappy	매우 불행한	→	miserable
very weak	매우 약한	→	frail
very wet	매우 젖은	→	soaked
very wide	매우 넓은	→	expansive
very willing	매우 기꺼이 하는, 적극적인	→	eager
very worried	매우 걱정하는	→	distressed

UNIT 3

두 단어·어구가 짝지어 쓰이는 표현
– binomial pairs

bed and breakfast	숙박과 아침 식사를 제공하는 시설, B &B
bits and pieces	이런저런 것들, 조각
black and blue	멍투성이의, 온통 멍이 들도록
bread and butter	생계(의 수단)
bright and early	아침 일찍, 새벽부터
by hook or by crook	어떻게 해서든지, 무슨 수단을 써서라도, 수단과 방법을 안 가리고
come and go	왔다갔다 하다, 나타났다 사라졌다 하다
dos and don'ts	해야 할 일과 하지 말아야 할 일
give or take	(~의) 차이는 있을지 몰라도 얼추, 거의
hustle and bustle	북적거림, 북새통
law and order	법질서가 지켜지고 치안이 유지되는 상태
like father, like son	그 아버지에 그 아들, 부전자전
little by little	조금씩, 천천히
live and learn	오래 살다 보니 별꼴을 다 본다
loud and clear	분명하게, 아주 이해하기 쉽게
my way or the highway	내가 하자는 대로 하든지, 아니면 떠나라
neat and tidy	말끔히 정돈된, 단정한

no fuss, no muss	힘들이지 않고, 문제없이
now or never	지금 아니면 기회가 없다, 지금이 아니면 절대 못한다
odds and ends	잡동사니, 자질구레한 것들
peace and quiet	(소동 뒤의) 평온, 고요함
ride or die	전적으로 헌신적인, 열성적인
rock and roll	록 음악; 시작하다(비격식)
safe and sound	무사히, 별 탈 없이
short and sweet	짧지만 즐겁게[즐거운]
sick and tired	진절머리가 나는, 아주 싫어진
sink or swim	실패하거나 성공하거나(익사하거나 헤엄쳐 나오거나)
sooner or later	조만간
take it or leave it	해도 그만 안 해도 그만, 싫으면 그만둬
through thick and thin	물불을 가리지 않는, 시종일관 변치 않는
ups and downs	기복, 우여곡절, 좋은 때와 나쁜 때
(normal) wear and tear	(일상적인 사용에 의한) 마모, 노후
win or lose	이기든 지든, 성공하든 실패하든
wine and dine	~에게 좋은 술과 음식을 대접하다

absolutely ⊕	necessary	절대적으로 필요한
absolutely/utterly ⊕	alone	완전히 홀로
	amazed	아주 놀란
	beautiful	엄청나게 아름다운
	convinced	전적으로 확신하는
	devastated	엄청나게 충격받은
	furious	극도로 화가 난
	impossible	절대적으로 불가능한
	miserable	절대적으로 비참한
	ridiculous	정말 말도 안 되는
	stupid	정말 어리석은
	wrong	완전히 틀린
badly ⊕	hurt	심하게[크게] 다친
bitterly ⊕	cold	매섭게 추운
	disappointed	몹시[크게] 실망한
completely ⊕	amazed	완전히 놀란
	different	완전히 다른
	wrong	완전히 틀린
deeply ⊕	ashamed	몹시 부끄러운[수치스러운]
	concerned	몹시 우려되는
	offended	몹시 기분이 상한
	regrettable	심히 유감스러운
	shocked	심하게 충격을 받은
	worried	몹시 걱정되는
fully ⊕	awake	완전히 깨어 있는
	aware	충분히 알고 있는

highly	⊕	competitive	경쟁이 아주 심한
		controversial	대단히 논란이 많은
		educated	고등 교육을 받은
		effective	대단히 효과적인
		impressed	매우 감동한
		motivated	매우 의욕적인
		probable	가능성이 아주 높은
		recommended	적극적으로 추천 받은
		unlikely	아주 가능성이 적은
		unusual	매우 이례적인, 매우 특이한
immensely	⊕	popular	매우 인기가 있는
		profitable	엄청난 수익성이 있는
		useful	매우 유용한
mildly	⊕	amused	좀 재미있어 하는
		concerned	약간 걱정이 되는
		upset	약간 화가 난
perfectly	⊕	acceptable	완벽히 받아들일 만한
		clear	아주 분명한, 더없이 맑은
		fine	아주 괜찮은
ridiculously	⊕	cheap	턱없이 싼
strictly	⊕	forbidden	엄격히 금지된
strongly	⊕	opposed	강력히 반대하는
terribly	⊕	disappointing	너무 실망스러운
totally	⊕	unbelievable	전혀 믿을 수 없는
truly	⊕	passionate	정말로 열정적인
		thankful	진심으로 고마운
widely	⊕	accepted	일반적으로 받아들여지는, 널리 인정된
		available	널리 이용되는, 쉽게 구할 수 있는
		known	널리 알려진

① After his single mother passed away, he felt like
he was absolutely alone.
홀어머니가 세상을 떠난 후, 그는 이제 완전히 혼자인 것 같은 느낌이 늘었다.

② He keeps complaining that I don't care about him,
but he's absolutely wrong. It's him who doesn't
care about his own family, hanging around with his
friends every night!
그는 내가 자기를 신경 안 쓴다고 계속 불평하지만 그건 완전히 틀린 말이에요.
매일 밤 친구들이랑 어울려 다니느라 자기 가족을 돌보지 않는 건 바로 그 사람이라고요!

③ I'm deeply worried that my grandmother fell on
the floor and was badly hurt.
할머니가 마루에서 넘어져 크게 다치셔서 무척 걱정된다.

④ Are you fully aware of the do's and don'ts on a
first date?
첫 데이트에서 해야 할 일과 하지 말아야 할 일이 뭔지 충분히 알고 있어?

⑤ Though she was mildly upset, she pretended to feel fine.
그녀는 조금 화가 나기는 했지만, 기분이 괜찮은 척했다.

⑥ Don't worry. I'm perfectly fine now.
걱정하지 마. 난 지금 아주 괜찮으니까.

⑦ How lucky today! I bought this charming dress
at a ridiculously cheap price!
오늘 완전 행운의 날이야! 이 멋진 드레스를 말도 안 되게 싼 값에 샀거든!

8 Excuse me. Smoking is strictly forbidden here.
실례합니다. 여기서 흡연은 엄격히 금지되어 있습니다.

9 They were strongly opposed to my plan to immigrate to Canada.
그들은 캐나다로 이민 가겠다는 내 계획에 강력하게 반대했다.

10 She found the movie terribly disappointing.
그녀는 그 영화가 너무 실망스러웠다.

11 What he said that night was totally unbelievable.
그가 그날 밤에 한 이야기는 전혀 믿을 수가 없었다.

12 This material is widely available, so you could get it without fail in your town.
이 재료는 많이들 쓰는 거니까 당신 동네에서도 틀림없이 구할 수 있을 거예요.

INDEX

A

ENGLISH EXPRESSIONS
FOR DESCRIPTION